本书获云南大学"双一流"建设专项资金资助

刘建娥　著

新型城镇化、乡—城
人口迁移与社区转型

Rural-urban
Migration and Community
Transition with the Context of
New Urbanization

社会科学文献出版社
SOCIAL SCIENCES ACADEMIC PRESS(CHINA)

·

目　录

|第一章|

乡－城流动人口阶层分化、重构与差异化融入

——基于纵向动态监测数据与企业横向调研数据*

本章基于国家卫计委云南省流动人口 2012～2016 年纵向监测数据与全国 8 大企业的横向数据，分析发现流动人口的经济融入分化加剧，雇员、雇主、自营流动人口收入水平的差距拉大，雇主的月均收入接近雇员的两倍，具有较好经济资本、人力资本的有利阶层正在崛起。同时，社会融入也呈现明显差异，雇员比雇主和自营的更易进入城市社会福利体系，而有定居城市意愿的雇主和自营的比例则高于雇员。总之，流动人口群体日渐分化为"技能型""资本型""雇工型""流动型"四大典型社会层级。所以，采取差异化融入策略，从有利阶层中激发并培育"潜在中产阶层"，同时带动新兴潜力阶层"新型工人"及"新型职业农民"的重构与融合，推动流动人口在总体向上流动的社会机制中顺利融入城市社会与农村社会。

* 本章内容发表于 2018 年《学习与实践》第 5 期，感谢合作者美国罗许大学医学中心李梦婷博士、中国人民大学社会与人口学院程梦瑶博士；感谢国家卫计委流动人口司、云南省卫计委流动人口处提供动态监测数据。

一 从整体论到阶层分化

农村劳动力转移就业自 20 世纪 80 年代中期开始历经 30 余年，基本形成了三种乡-城人口流动发展态势。其一是"市场型"，即就业机会和工资差距驱动下农村劳动力的"异地城镇化"，农民工流动大多属于这种类型；其二是"市场-政府型"，即城市化及国家建设开发规划带动下的"就近城镇化"，主要涉及"农转居"转型社区中的涉农居民；其三是"政策型"，《全国"十三五"异地扶贫搬迁规划》提出"挪穷窝换穷业"的精准扶贫战略，近六成的安置对象要实现从贫困农村或山区向城镇转移①。农业转移人口的社会融入不仅是推动新型城镇化发展的重大经济社会议题，也是实现国家精准扶贫战略目标的政治要求，在当前时代背景下具有了新的经济、社会和政治意义。

本章重点研究转移人口规模最大、最集中的第一种"市场驱动型"的乡-城流动人口（本章简称流动人口）。时至今日，这个移民群体已经有着丰富多元的社会角色与职业身份，从餐馆老板到快递小哥，从车间工人到家装师傅……正是这个群体的努力带动了中国城镇化的快速发展，也增添了城市生活的温度与色彩。劳动力密集型的农民工正在孕育着新型工人，举家迁移且收入水平较高的流动人口及其家庭成员将会成长为城市未来的中产阶层。与之逆向但并行发展的返乡创业或从业

① 通过"小城镇及工业园区异地转移集中安置"和"进城务工分散安置"两种途径向城镇转移 575 万人，占异地搬迁扶贫总数 981 万人的 59%。《全国"十三五"异地扶贫搬迁规划》，http://www.chinanews.com/gn/2016/09-24/8013391.shtml，最后访问日期：2018 年 7 月 11 日。

的流动人口,将成为新一代农场经营者和新型职业农民。[①] 就业及经济分化带来的阶层分化趋势日趋显著,"农民工"笼统且带有歧义的称谓,已经不能准确地涵盖庞大的流动人口社会群体。如何摒弃整体论,深入考察流动人口群体的阶层分化及其社会影响,成为农业转移人口问题研究的重要转向。如果继续以僵化的观念泛而谈之,或以"土气的、贫穷的乡下人"的社会偏见看待流动人口,无论是"刻舟求剑"还是"刻板印象",皆显得不合时宜。

在人口出生、死亡和迁移三大基本因素中,迁移流动已经成为影响我国人口发展态势的具有全局性的主导因素。[②] 《国家人口发展规划(2016-2030年)》指出:未来15年我国进入人口发展的关键转折期,但人口众多的基本国情及其对经济社会发展的压力不会根本改变。人口众多的重要特点依然是农民多而市民少。只有继续减少农民、持续增加市民、消除体制障碍、畅通人口迁移流动渠道,才能有效解决人口集聚与产业集聚不同步、公共资源配置与常住人口不衔接、人口城镇化滞后于土地城镇化等问题。研究表明,1%的人从农村迁到城市,就能使GDP提高1.2%;2030年,城镇化率预计将达到70%,约有10亿人生活在城市;中国将从以农村社会为主的国家转变为以城市社会为主的国家。[③] 2016年"十三五"规划纲要明确提出新型城镇化要推进完成1亿左右的农业转移人口在城镇

---

① 朱启臻、胡方萌:《新型职业农民生成环境的几个问题》,《中国农村经济》2016年第10期。

② Gu, Baochang, "Internal Migration Dominates Population in China," *Asian Population Studies*, Vol. 10, No. 1, 2014;国家卫生和计划生育委员会流动人口司编《中国流动人口发展报告2017》,中国人口出版社,2017。

③ 国务院发展研究中心和世界银行联合课题组:《中国:推进高效、包容、可持续的城镇化》,《管理世界》2014年第4期;张翼:《农民工"进城落户"意愿与中国近期城镇化道路的选择》,《中国人口科学》2011年第2期。

落户。国务院进一步制定推动非户籍人口落户方案，加快实施"一融双新"工程①，优先解决在城镇就业、居住 5 年以上和举家迁徙农民工重点群体的落户问题。新型城镇化以人的城镇化为核心，提升人的权利、能力及幸福感，促进迁移流动人口的社会融合，完善社会服务体系，增强人民的幸福感和公平感。② 实施人力资本优先发展的战略，让农民工能够依靠技能提升进入中等收入群体，扶持自主创业的私营业主进入中产阶层，加快构建"橄榄型"社会。③ 制度安排和政策设计要紧扣不同阶层流动人口的社会需求，制定适切的、差异化的融入策略，以促进新兴阶层的形成，推动他们融入城市或返回家乡。流动人口分化及融入问题已成为新型城镇化改革的重大议题，需要政府和学界重新审视并付诸行动。

二 流动人口就业及阶层分化

学界已经开始关注流动人口的代际转型、流动空间、就业及经济分化问题，并提出限制制度排斥、优化公共资源提供及推进梯度融入的积极策略。第一，人口变动与代际转型带来的

---

① "一融双新"是指以促进农民工融入城镇为核心，以加快新生中小城市培育发展和新型城市建设为重点，参见《国务院关于深入推进新型城镇化建设的若干意见》。
② 倪鹏飞：《新型城镇化的基本模式、具体路径与推进对策》，《江海学刊》2013 年第 1 期；任远：《重构土客关系：流动人口的社会融合与发展性社会政策》，《复旦大学学报》2016 年第 2 期；Bingqin Li, ChunLai Chen and BiLiang Hu. "Governing Urbanization and the New Urbanization Plan in China," *Environment & Urbanization*, Vol. 28, No. 2, 2016.
③ 《李培林：扩大中等收入群体比例 跨越"陷阱"》，http://news. 163. com/17/0318/15/CFQR3H8Q00018AOQ. html，最后访问日期：2018 年 7 月 5 日；李强、王昊：《我国中产阶层的规模、结构问题与发展对策》，《社会》2017 年第 3 期。

分化。新生代农民工从农村和城市社会"双重脱嵌"[1]，平等意识和融入动机增强，但耐受力低，融入能力滞后于融入意愿。[2] 户籍制度加剧了工人群体的利益分化与社会分层，导致本地城镇工人的流失与外来农民工的流动[3]，这在国有制企业比民营企业表现得更为典型[4]，城市制度空间排斥不利于新型工人的形成。第二，流动空间形成的分化。农民工定居意愿具有显著省内城市偏好，省内流动的农民工比跨省流动的农民工的市民化意愿和能力更强。[5] 单一的城市融入视角的局限性难以解释流迁方向的多元分化。[6] 一部分外出后的返乡者，面临再次融入流出地社会的适应性问题[7]，如果当地的社会、经济、政治条件难以达到预期，则会增加返乡者再次迁移的可能性[8]。

① 黄斌欢：《双重脱嵌与新生代农民工的阶级形成》，《社会学研究》2014 年第 2 期。

② 陆文荣、何雪松、段瑶：《新生代农民工发展困境及出路选择——基于苏浙沪七个城市的调查数据分析》，《学习与实践》2014 年第 10 期；王静：《融入意愿、融入能力与市民化——基于代际差异的视角》，《区域经济评论》2017 年第 1 期。

③ 李若建：《工人群体的分化与重构——基于人口调查数据的分析》，《中国人口科学》2015 年第 5 期；于潇、孙悦：《城镇与农村流动人口的收入差异——基于 2015 年全国流动人口动态监测数据的分位数回归分析》，《人口研究》2017 年第 1 期。

④ Yang Song. "Hukou－based Labor Market Discrimination and Ownership Structure in Urban China," *Urban Studies*, Vol. 53, No. 8, 2016.

⑤ 孙中伟：《农民工大城市定居偏好与新型城镇化的推进路径研究》，《人口研究》2015 年第 5 期；宁光杰、李瑞：《城乡一体化进程中农民工流动范围与市民化差异》，《中国人口科学》2016 第 4 期。

⑥ 朱宇、林李月：《流动人口的流迁模式与社会保护：从"城市融入"到"社会融入"》，《地理科学》2011 年第 3 期。

⑦ Cassarino J. P. "Theorising Return Migration: the Conceptual Approach to Return Migrants Revisited," *Social Science Electronic Publishing*, Vol. 6, No. 2, 2010. Cassarino J. P. Return Migration and Development. Triandafyllidou, Anna, ed. Routledge, 2015.

⑧ Kuschminder, K. "Interrogating the Relationship between Remigration and Sustainable Return," *International Migration*, Vol. 55, No. 3, 2017.

针对返乡及城镇常住流动人口的需求特征，优化公共服务的供给结构[①]，需同时考虑农民工融入城镇或返回家乡的双重选择空间[②]。第三，就业与经济收入形成的分化。学者研究了"温饱型"、"小康型"和"发展型"农民工的融入状况及组织化差异[③]；正规就业和非正规就业市场的分割，拉大了农民工群体内部的收入差距[④]；"自雇农民工"比"受雇者"更倾向于定居城市[⑤]，在"受雇者"中，正规就业的大企业农民工率先融入城市，将从根本上推进农民工整体的城市融入[⑥]。已有研究更多依托横向面板数据，而基于纵向数据的研究甚少；对流动人口分化全景及脉络缺乏系统的检视；重视城市融入，忽视了返乡流动人口融入农村社会的重要发展路径。

三 社会融入理论

较高的社会融入水平已经成为人类社会发展的目标，社会融入政策也日渐成为应对社会分化加剧的重要策略。[⑦] ①社会

---

① 杨刚强、孟霞、王艳慧：《城乡流动人口结构分层与基本公共服务供给的结构优化》，《湖北社会科学》2015 年第 11 期。

② 陈锋、徐娜：《新生代农民工的返乡动因及其社会适应——以云南沙村为例》，《中国青年研究》2015 年第 2 期。

③ 陈旭峰、田志锋、钱民辉：《社会融入状况对农民工组织化的影响研究》，《中国人民大学学报》2011 年第 1 期。

④ 武岩、胡必亮：《社会资本与中国农民工收入差距》，《中国人口科学》2014 年第 6 期。杨凡：《流动人口正规就业与非正规就业的工资差异研究——基于倾向值方法的分析》，《人口研究》2015 年第 6 期。

⑤ 刘建娥：《企业农民工赋权式融入：困境、内涵及对策研究》，《中国社会工作研究》2014 年第 11 期。

⑥ 李树苗、王维博、悦中山：《自雇与受雇农民工城市居留意愿差异研究》，《人口与经济》2014 年第 2 期。

⑦ Taylor, M. "Communities in Partnership: Developing a Strategic Voice," *Social Policy and Society*, Vol. 5, No. 2, 2006; Taylor - Gooby, Peter. "The Divisive Welfare State," *Social Policy and Administration*, Vol. 50, No. 6, 2016.

融人概念、指标及行动策略。社会融入是指处于边缘的、底层的、外来的相对弱势群体融入主流社会的动态过程。从下向上、从边缘向中心的流动与融合是缓解社会分化、消除极端贫困、促进全球繁荣共享的重要的社会平衡机制。[①] 2002 年欧盟委员会发布了《欧盟社会融入指标报告》，构建了"欧洲公民权利与融入指数"及"移民融合政策指数"，评估了欧盟各成员国促进社会融入行动的成效。[②] 社会融入指标主要涉及经济领域的物质剥夺、分配不平等、家庭就业，也包括社会领域的教育培训、政治参与、家庭团聚、永久居住权与入籍等。[③] 专业化社区工作与增进就业机会成为实现社会融入的重要行动策略，社区工作有助于链接分配社会资源，促进被排斥群体的社会参与，提升就业能力。[④] ②社会融入主体、客体及中介。处于社会空间的边缘、社会层级的底层，资源相对匮乏的弱势群体构成社会融入的主体。客体以社会福利政策为核心，涉及公共资源分配的社会设置及制度安排。资源和制度的可及性是个体感知融入程度的重要判断依据[⑤]，社会体制是决定融入的根本性因素。参照群体是社会融入的中介媒体，这些参照群体涉

① World Bank. "Inclusion Matters : the Foundation for Shared Prosperity," *World Bank Publications*, 2013.

② Atkinson, A. B. , Cantillon, B. , Marlier, E. , & Nolan, B. *Social Indicators : The EU and Social Inclusion*. RePEc, 2002.

③ Atkinson, A. B. , Cantillon, B. , Marlier, E. , & Nolan, B. *Taking forward the EU Social Inclusion Process*. Luxembourg Council of the European Union, 2005. F. Giambona and E. Vassallo. "Composite Indicator of Social Inclusion for European Countries," *Social Indicator Research*, No. 116, 2014.

④ Henderson, P. *Including the Excluded : from Practice to Policy in European Community Development*. Bristol : Policy Press. 2005. Levitas R. *The Inclusive Society : Social Exclusion and New Labor, the 2nd edition*, Macmillan, 2005. Alcock, Pete. *Understanding Poverty, The Third edition*. Basingstoke : Palgrave. 2006.

⑤ Oxoby, R. "Understanding Social Inclusion, Social Cohesion, and Social Capital," Robert Oxoby, Vol. 36, No. 12, 2009.

及处于中心、中上阶层、拥有较多社会资源的主流优势群体。但是，已有流动人口社会融入研究大多围绕融入"客体"，忽视了对融入"主体"自身的动态研究。融入客体的研究主要涉及社会福利政策融入与融入体制困境[①]，子女教育体制融入[②]，移民心理、社会认同与文化融入[③]，以及政治融入与社会参与[④]。也有学者关注融入中介媒体，研究在不同参照体系中农民工的公平感、幸福感等主观评判[⑤]。《国家新型城镇化规划（2014－2020）》、《国家人口发展规划（2016－2030）》及《推动1亿非户籍人口在城市落户方案通知》等重要政策文件已开始强调差异化融入，先后提出"因地制宜、分类施策"的基本原则，引导人口向重点开发区域适度集聚，依据城市和人口规模实施"差异化落户政策"。但是，中央层面的制度设计不管是强调产业规模集聚化的差异化人口政策，还是因城市规模制定的差异化落户制度，均是对基于政策、体制及城市空间等要素构建的融入客体的考量，而对融入主体流动人口自身的特质、差异及分化的关注不足。

我们追本溯源将研究重点聚焦于融入主体，即流动人口自身，采用国家卫计委云南省流动人口2012～2016年的动态监

---

① 关信平：《中国流动人口问题的实质及相关政策分析》，《国家行政学院学报》2014年第5期；王春光：《外来农村流动人口本地化的体制性困境》，《学海》2017年第2期。

② 谢建社、牛喜霞、谢宇：《流动农民工随迁子女教育问题研究——以珠三角城镇地区为例》，《中国人口科学》2011年第1期。

③ 张文宏、雷开春：《城市新移民社会认同的结构模型》，《社会学研究》2009年第4期；何雪松、黄富强、曾守：《城乡迁移与精神健康：基于上海的实证研究》，《社会学研究》2010年第1期。

④ 段成荣、段力刚：《流动人口政治参与问题研究》，《国家行政学院学报》2014年第5期；刘建娥：《从农村参与走向城市参与：农民工政治融入实证研究——基于昆明市2084样本的问卷调查》，《人口与发展》2014年第1期。

⑤ 吴菲、王俊秀：《相对收入与主观幸福感：检验农民工的多重参照群体》，《社会》2017年第2期。

测数据，以弥补横向数据研究的不足。本章还结合全国 8 大企业的调研数据，兼顾横向分化结构与纵向动态趋势，通过对就业及收入、福利政策、定居意愿核心变量及其相应测量指标的统计分析，全面检视流动人口群体内在分化的经济与社会表征。本章将在经验研究的基础上对阶层分化的内在层级结构进行系统梳理，进而提出在当前经济社会条件下阶层重构及融入的现实路径，带动流动人口社会融入问题研究从泛而谈之向差异化、结构化融入研究不断深化，为增强流动人口政策设计的科学性和操作性提供参考。

四 数据来源与样本概况

本章采用 2012 ~ 2016 年国家卫计委流动人口动态监测数据的云南省流入人口数据。2012 年样本量为 3992 人，2013 ~ 2016 年的样本量均为 5000 人。通过分层、多阶段与规模成比例的 PPS 方法进行抽样。本研究剔除源数据库中非农户籍的流入人口，以"农村户籍的流入人口"，即"乡 - 城流动人口"作为研究对象（简称流动人口）。2012 ~ 2016 年调查的流动人口分别为 3561 人、4528 人、4449 人、4440 人、4376 人，均占总样本的七成至九成。

流动人口"经济融入"是指通过有报酬的工作实现就业参与及经济获益的过程。本章主要考察就业类型及收入水平变量。流动人口"社会融入"是指其进入城市社会福利政策体系，享有城市居民社会福利权，定居并融入城市。本章以医疗保险和养老保险两大基本福利制度为主要分析变量，涉及城镇职工医保、城镇居民医保、新农合、新农保 4 个测量指标（统计指标以每年国家卫计委动态监测问卷设计的为准）；定居城市通过"定居意愿"变量来测量。数据分析采用方差分析与卡方检验的方法，检视2012～2016年流动人口经济融入及社会融入的分化。

描述统计结果表明，已婚的中青年构成流动人口的主体，性别比例失衡；低水平教育状况有所改善，但提升教育水平及人力资本的任务紧迫；参与城镇社会保险的比例较低；定居城市比例占六成，2016年收入水平和定居城市比例呈下降趋势。①男性高出女性近10个百分点；已婚的占比接近八成，家庭迁移需求日趋凸显。②教育水平和人力资本水平总体偏低，初中教育的占半数，但小学及以下的低水平教育比例有所下降，从2012年的31.1%下降到2016年的25.3%，而2016年高中/中专的人数同2012年相比上升4个百分点。总体上，受教育水平还是有所提高了，但仍然具有较大的提升空间，特别是新生代农民工，亟待加大对其进行职业培训的社会投资，提升其综合素质，提升其人力资本水平和就业竞争力。③2012～2015年的4年间流动人口收入水平持续增长，但2016年呈下滑趋势，下降到3332.1元/月，降幅达8%。④流动人口的社会保险滞留于农村社会保险框架内，新农合的参保率接近九成，新农保在五成左右；城镇职工医保、城镇居民医保的参保率则低于6%。⑤近六成的流动人口打算长期定居在当地城市，但2016年定居比例比2014年下降11个百分点，流动人口融入城市的进程停滞不前，甚至倒退，四成的流动人口关于定居意愿表示"没想好"，可谓"进退两难""去留难定"。

五 就业结构与经济分化

流动人口群体的阶层分化源于灵活性、多样化的就业场域，市场驱动不仅是他们决定外出进城的原因，也是加剧分化的基本因素。云南省近5年的纵向监测数据与全国8大企业调研结果表明，流动人口群体的就业分化显著，制造业工人向新型工人发展，企业技术管理类人才及商业服务业的雇主、自营老板等构成潜在的中产阶层；雇员阶层的归属呈现不确定性，就业结构带来的经济分化形成阶层重构的基本雏形。

（一）雇主、雇员、自营流动人口的就业分化：云南省纵向数据分析

云南省流动人口就业结构与经济分化呈现两大显著特点：一是就业类型以第三产业"服务业"为主，第二产业的"生产建筑业"比例较低，且逐年下降；二是就业方式分化为雇员、雇主、自营三种基本类型。（1）工资差异是移民的主要动因；移民是预期收入最大化的选择，预期收入由"城乡收入差距"与"城市就业机会"决定[①]。生产制造业并不是云南主要的优势产业，云南吸引外来人口的主要原因是创业成本相对较低，优良的气候及宜居的生态环境为休闲旅游型商业提供了发展机会。与东部沿海城市以大规模的生产制造业主导的就业类型不同，云南省流动人口六成左右在第三部门从事服务业，商业服务业占比在2014年高达66.3%而生产建筑业的仅占两成，并从2012年的20.9%下降到2016年的13.2%。（2）流动人口就业分化成雇员、雇主、自营三种基本方式，自营的比例较高，占四成左右，其次是雇员，占三成左右，雇主占到一成左右（见图1-1）。就业分化呈现清晰且稳定的结构层级，5年

---

① Harris, J. and Todaro, M. P. Migration, "Unemployment and Development: A Two-Sector Analysis," *The America Economic Review*, Vol. 60, No. 1, 1970. Todaro, M. P. *Internal Migration in Developing Countries: A Review of Theory, Evidence, Methodology and Research Priorities*. Geneva: International Labor Office, 1976.

以来雇员、雇主、自营的比例基本保持在 3:1:4 的水平①。具有较好经济资本的雇主和自营流动人口有着向上流动并融入城市的比较优势，雇员群体的发展具有多种可能性，可能成长为雇主（老板）、技术工人或新型职业农民。

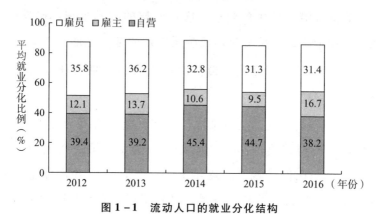

图 1-1　流动人口的就业分化结构

（二）精英农民工与新型工人阶层的发展：大型企业农民工的调研数据

课题组选取制造型与商业服务型 8 家大型企业开展调研，企业农民工的就业类型及分化情况见表 1-1。研究发现制造型企业农民工正在成长为新型工人，商业服务型企业农民工的阶层归属有着多种可能性。昆钢集团、昆铝集团、东莞裕元鞋业、云南白药属于制造型企业，俊发房地产集团属于建筑业，云南民族村、中豪螺蛳湾集团、南亚风情园是商业服务型企业。企业农民工经济收入差距和职业等级分化日益加剧，拥有较好经济资本、文化资本和技术资本的技术管理骨干，包括云南民族村少数民族管理职员，昆铝集团、昆钢集团从"劳务派遣工"转为正式工的技术骨干，东莞裕元鞋业从数万农民工中

---

① 问卷中"就业身份"的指标设计为：1 雇员、2 雇主、3 自营、4 其他，另外两成是"4 其他"。

成长起来的高级技工，云南白药的部门经理等，融入城市的社会需求和可能性显著。中豪螺蛳湾集团、南亚风情园的浙商、闽商及川籍商户代表的私营业主阶层，具有较好的收入水平，经济资本优势日益明显。由技术管理人才和私营业主构成的精英农民工正在迅速发展，经济融入必然催生社会融入。促进精英农民工与新型工人顺利融入城市社会，对我国中产阶层的培育及阶层结构的优化具有重大意义。

表 1 - 1　企业农民工的就业类型

代表企业	农民工（人）	从事岗位	管理模式
制造型企业			
昆钢集团	300（大板桥厂区）	电焊工、耙车工、装卸人员、后勤服务人员	工种管理
昆铝集团	420	电焊工、耙车工、包装人员、后勤服务人员	工种管理
东莞裕元鞋业	16000	鞋业制造、生产线管理	部门管理 班组管理
云南白药	90（下庄子公司）	后勤服务、车间生产、部门管理	部门管理
建筑业			
俊发房地产集团	700	建筑工	项目外包 班组管理
商业服务型企业			
云南民族村	403	民族文化表演、营业员、经营管理	族村式管理
中豪螺蛳湾集团	3000	商户业主、小工（销售员）、市场管理与服务	市场片区管理
南亚风情园	540	酒店管理服务、餐饮、休闲	部门管理

资料来源：2010～2014年国家社科基金项目"社会政策视野下农民工融入城市问题研究"及昆明市委组织部委托课题组开展的调研资料。

（三）收入差距加大、持续增长乏力且呈下降趋势

F 检验结果表明雇员、雇主、自营三大就业群体的收入差距显著，雇员收入水平最低，自营居中，雇主收入水平较高。

其中 2016 年雇员月均收入为 2592.8 元,雇主月均收入为
4618.6 元,自营的月均收入为 3402.2 元,雇主的月均收入是
雇员的 1.8 倍。其他 4 年的数据及差异详见表 1－2。收入分化
正在塑造城市移民群体新的二元结构,不应再以"低收入"
和"贫穷"的成见笼统地看待整个流动人口群体。流动人口
收入水平年度波动较大且开始下滑①,特别是雇主和自营的收
入波动更为显著,雇员的收入水平较为稳定(见图 1－2)。雇
主的收入在 2013 年、2016 年出现两个下滑点,从 2015 年的
5992.0 元下跌到 2016 年的 4618.6 元,降幅达 22.9%。当前宏
观经济增长速度放缓,加之电商迅速发展,对雇主和自营流动
人口经营的灵活性、便利性的实体小商业带来冲击,小资本、
低技能等不利因素加剧流动人口小商业的竞争压力。

表 1－2 2012～2016 年流动人口收入水平

单位:元/月

年份	雇员 M (SD)	雇主 M (SD)	自营 M (SD)	F	p
2012	2123.4 (1171.6)	4944.6 (6805.2)	3242.2 (3434.4)	124.5	0.000
2013	2447.9 (1658.8)	4192.0 (3480.0)	3189.2 (2640.0)	118.3	0.000
2014	2483.3 (1323.2)	4914.1 (5324.0)	3389.5 (3947.0)	91.9	0.000
2015	2787.3 (1556.6)	5992.0 (6137.9)	3809.6 (2995.5)	174.2	0.000
2016	2592.8 (1687.6)	4618.6 (5588.4)	3402.2 (2896.3)	90.5	0.000

---

① 国家统计局发布的《2016 年农民工监测调查报告》显示,2016 农民工月均
收入 3275 元,比上年增长 6.6%,增速回落 0.6 个百分点。国家卫计委动态
监测数据表明云南省农民工收入水平不仅没有增长,反而呈现显著的下降趋
势,引自 http://cn.chinagate.cn/news/2017－04/30/content_40721463.htm,最
后访问日期:2018 年 7 月 5 日。

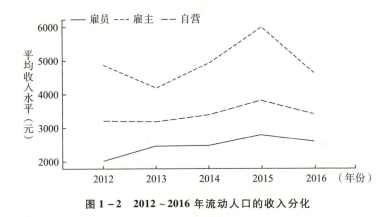

图 1 - 2 2012 ~ 2016 年流动人口的收入分化

六 制度安排与社会分化

（一） 参保水平及福利分化

本章以"养老保险"和"医疗保险"两大基本社会福利
政策为关键指标，考察流动人口的社会融入水平及其分化。就
业及收入水平的分化影响流动人口的参保选择。另外，基于户
籍的社会福利政策设计依然是造成福利分化的制度根源。流动
人口参与城市社会保险的比例总体较低，正规就业的雇员的参
保情况好于雇主和自营流动人口。2012 年的数据显示，雇员
参加城镇职工医疗保险的比例相对较高，占 9.7%；而雇主、
自营流动人口几乎在城市社会福利体系之外，分别占 3.7%、
3.2%（见表 1 - 3）。① 就业方式是影响社会融入的重要因素。
2009 年以后开始全面实施新农合、新农保，流动人口逐步转

————————————

① 此处，雇员包括"正规就业的雇员"（企业与其签订就业合同）与"小商业
的雇员"，问卷调查尚未对"正规就业的雇员"与"小商业的雇员"两类雇
员做出区分，有待于将来的研究设计中进一步将两类雇员及其参保情况细化
并区分开。

入农村社会福利政策的框架之中。雇员参与城镇职工医疗保险的比例下降，2015 年下降到 4.3%。雇员、雇主、自营流动人口参加新农合的在 2015 年约占九成，新农保在 2014 年的参保比例最高，占六成左右。农村户口居民能享有医疗保险是中国社会保险制度的巨大进步，但流动人口退回或长期滞留于农村保险制度框架，与融入城市社会及城乡一体化发展方向背道而驰。人口自由流动是当前中国城市化的应有之义，城乡二元化的福利政策难以适应劳动力自由流动的社会需求，内在矛盾推动医疗保险、养老保险两大基本保险制度向城乡一体化转变。2014 年国家将城镇居民养老保险（城居保）和新农村社会养老保险（新农保）两项制度合并，建立城乡居民养老保险政策。2016 年整合城镇居民基本医疗保险和新型农村合作医疗（新农合）两项制度，建立统一的城乡居民基本医疗保险制度。2016 年的调查用统一的"养老保险"变量，即城乡居民养老保险，而不再区分新农保和城居保，统计结果表明"养老保险"的参与率均在五成以上，城乡一体化政策设计不仅有助于缩小城乡差距，避免福利制度的社会分化，而且对于促进流动人口的城市融入具有重大意义。

表 1-3　2012~2016 年流动人口社会融入分化

单位：人，%

年份	社会保险类别	雇员 N（%）	雇主 N（%）	自营 N（%）	χ^2	p
2012	城镇职工医保	123 (9.7)	16 (3.7)	45 (3.2)	64.3	0.000
2013	新农合	1381 (84.3)	523 (84.4)	1513 (85.2)	7.2	0.307
	新农保	465 (28.3)	201 (32.5)	626 (35.3)	31.6	0.000

续表

年份	社会保险 参与率	雇员 N（%）	雇主 N（%）	自营 N（%）	χ^2	p
2014	新农合	1224 （84.0）	423 （89.4）	1799 （89.1）	36.9	0.000
	新农保	881 （60.4）	322 （68.1）	1,373 （68.0）	30.5	0.000
2015	新农合	1218 （88.0）	380 （90.0）	1803 （91.8）	23.7	0.001
	城镇职工医保	60 （4.3）	1 （0.2）	3 （0.2）	106.2	0.000
	城镇居民医保	23 （1.7）	20 （4.7）	55 （2.8）	20.9	0.002
2016	养老保险 （含新农保等）	784 （57.1）	407 （55.7）	881 （52.7）	9.5	0.146
	新农合	1107 （80.6）	647 （88.5）	1432 （85.6）	31.3	0.000
	城镇职工医保	87 （6.3）	1 （0.1）	2 （0.1）	160.0	0.000
	城镇居民医保	25 （1.8）	32 （4.4）	65 （3.9）	19.6	0.003

注：百分比是占就业身份统计人数的比例。

（二）定居选择与社会归属

流动人口的定居意愿是经济理性还是价值选择？数年的城乡流动承载的谋生与创业、现实或理想，终将意归何处？迁移和留守是一个家庭为了分散风险而采取的多样化经营策略。[1]卡方检验表明，雇员、雇主、自营流动人口的定居意愿存在显著差异，如表1－4所示，2013 年定居意愿变量缺失。2012 ～

---

[1] Massey D S, Arango J, Hugo G, et al. "An Evaluation of International Migration Theory: The North American Case," *Population & Development Review*, Vol. 20, No. 4, 1994; Stark, Oded & J. Edward Taylor. "Migration Incentives, Migration Types: The Role of Relative Deprivation," *Economic Journal*. No. 01, 1991.

2014 年雇主、自营流动人口定居城市意愿所占比例均呈上升趋势，其中 2014 年雇主定居城市意原所占比例已经高达 74.0%，自营的占 67.0%。但是，2015 年和 2016 年雇主和自营流动人口定居城市意愿的比例开始显著下降，2016 年雇主的比例下降到 54.7%，自营的为 52.0%。导致定居城市意愿下降的原因，我们认为主要有以下三个方面：一是城市收入水平下降，就业竞争与经济压力加大，部分流动人口开始选择返乡创业和流向中小城镇；二是城市社会政策设计不能为流动人口定居城市提供实质性的支持，包括养老政策、医疗政策及住房支持政策等，导致流动人口在城市定居的生活成本高，但生活品质低，难以真正融入城市社会；三是国家重视发展农村和农业经济，振兴乡村的发展策略有助于缩小城乡公共资源投入和经济发展水平的差距，成为吸引流动人口返乡的重要因素。正如田丰指出，即使在劳动力供给下降的情况下，农民工的社会经济地位仍呈现"逆成长"趋势，相对收入水平和社会地位在下降。[1] 概言之，正是城市持续固有的推力和农村不断加大的拉力导致流动人口定居城市意愿比例的下降。

表 1－4 2012～2016 年流动人口的定居城市意愿

年份	雇员	雇主	自营	χ^2	P
2012	766 (52.7)	309 (63.2)	971 (63.2)	47.2	0.000
2014	685 (47.0)	350 (74.0)	1352 (67.0)	213.8	0.000
2015	693 (49.8)	277 (65.5)	1247 (62.8)	97.2	0.000

---

[1] 田丰：《逆成长：农民工社会经济地位的十年变化（2006～2015）》，《社会学研究》2017 年第 3 期。

续表

年份	雇员	雇主	自营	χ^2	P
2016	581 （42.3）	400 （54.7）	870 （52.0）	83.1	0.000

七 结论与政策意义

（一）阶层分化与制度安排下的定居选择

经验研究发现流动人口基于"雇员""雇主""自营"三大就业方式形成显著的阶层分化，雇主和自营流动人口的收入水平较高，率先实现了较好的经济融入，具有较强的定居城市意愿；而雇员享受城市社会福利政策的比例相对较高，比雇主和自营流动人口更易纳入城市社会福利体系，具有社会融入的比较优势。

（1）流动人口收入持续增长趋势回落，收入差距二元化，具有较好经济资本、人力资本的雇主（私营业主）及技术管理人才所构成的有利阶层正在崛起。雇主收入水平最高，几乎是雇员的两倍，自营流动人口的收入水平居中。因宏观经济增长及城镇化发展速度放缓，流动人口收入增长乏力，2016年向下滑落，特别是雇主、自营流动人口的收入降幅较大。

（2）研究发现，雇员参加城镇职工医保的比例高于雇主及自营流动人口，因此，要充分发挥正规就业流动人口的有利优势，使其融入城市福利制度体系。尽管以新农保和新农合为核心的农村社会保险体制极大地改善了农民的社会福利，但"村时代"的政策设计造成"户籍农民"的"人"与"险"城乡分离，反而成为流动人口融入城市的政策羁绊。福利需求与制度设计的结构性矛盾，推动"城乡居民养老保险政策"

与"城乡居民基本医疗保险制度"的设立，首次完成两大基本福利制度的顶层设计，包容性、发展性的城乡一体化的福利政策有利于消释城乡二元差距，也可避免流动人口社会福利水平的内在分化。

（3）收入增长与就业压力加大，加之社会政策设计对流动人口融入城市缺乏实质性的社会支持，他们定居城市意愿比例总体呈下降趋势。雇主和自营流动人口定居城市的意愿较强，但从 2014 年的七成左右下降到 2016 年的五成多。从农村向城市转移就业的移民逐渐失去在原来乡村社区中的位置[1]，日渐远离乡村的社会关系与生活方式。"儿童相见不相识，笑问客从何处来"道出了流动人口既不能顺利融入城市，又不甘心返回乡村的无奈与辛酸。这种趋势既不利于新型城镇化社会发展目标的实现，也不能及时回应流动人口获得平等发展权和社会福利权的社会诉求，特别是难以应对阶层分化形成的有利阶层的融入需求。流动人口的定居选择不仅关乎收入最大化的经济理性，也取决于城市的社会提供与价值包容；既是个人抉择，也是社会选择。

（二）流动人口阶层分化与重构模型

就业方式及收入水平是形成阶层分化的关键结构要素和经济基础。移民往往在绝对收入的上升和相对地位的下降之间进行权衡，以能维持较高收入地位的精英及以家乡人作为参照群体的资质一般的人更容易成为移民。[2] 流动人口群体的社会分化始于转移就业之前，历经城市社会的经济组织与福利制度的

---

[1] 安东尼·吉登斯（Giddens, Anthony）：《社会学》（第 4 版），赵旭东等译，北京大学出版社，2003。

[2] Stark, Oded & J. Edward Taylor. "Migration Incentives, Migration Types: The Role of Relative Deprivation," *Economic Journal*, No. 01, 1991.

形塑，进而发展并形成不同的社会阶层。正规就业的雇主和雇员的融入条件好于自营流动人口；雇主和自营流动人口的收入水平高于雇员。本章以收入水平为纵向坐标、就业方式为横向坐标，构建"乡-城流动人口阶层分化模型"（见图1-3），将流动人口的分化界定为"技能型""资本型""雇工型""流动型"四大层级类型。

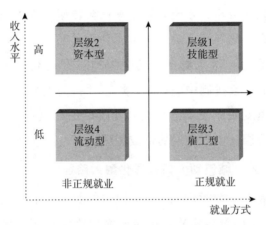

图1-3 乡-城流动人口的阶层分化模型

层级1"技能型"：是指受雇于大型企业的正规就业的技术管理人才。他们的收入水平较高，且已处于城市经济组织（用工单位）与社会组织（用工单位的党组织、工会组织）体系的边缘，所以"技能型"流动人口具备率先融入城市的比较优势。层级2"资本型"：是指从事小型商业的私营业主，即本章中的雇主及自营流动人口。他们拥有经济资本优势，生活相对富足，但属于非正规就业，社会地位较低，成为身份尴尬的游离在城市社会体系外的边缘化移民。层级3"雇工型"：是指受雇于生产制造型企业的正规就业的蓝领工人，他们的收入水平较低，这些流动人口已经构成工人阶级的主体。层级4"流动型"：是指没有固定职业、居无定所的流动人口，大多聚集在城中村社区，从事收废品、擦皮鞋等低收入工作，面临生计困难与社会排斥，成为城市与农村双重边缘化的底层贫弱群体。总体而言，"技能型""资本型"属于相对"有利阶层"；"雇工型""流动型"处于"弱势阶层"，他们各自有着不同的境遇与归属。

政策设计只有针对四大层级群体，依照适当的价值原则采取差异化融入策略，才能有效促进社会转型进程中新兴阶层的重构与融合，化解社会提供与阶层分化之间的结构性矛盾，畅通"层级流动"与"城乡流动"渠道，推动流动人口在总体向上流动的社会机制中顺利融入城市社会与农村社会。客观的结构分层速度明显快于包容性制度改革的速度[1]，制度瓶颈加剧了工人阶层、中产阶层的形成困境。

（三）乡－城流动人口差异化融入路径

本章提出"政策融入"、"社区融入"、"组织化融入"和"分流安置"的融入策略，探讨四大层级流动人口融入城市的现实路径。第一，"技能型"是引导流动人口群体融入城市的先锋力量，也是释放内需的潜在中产阶层和重要的纳税人。依照公平与贡献的价值原则，采取"政策融入"策略，构建以"五险一金"为核心的城乡一体化社会融入政策体系，畅通制度化参与途径与职业提升渠道。充分释放技术优势，避免让技能成熟型农民工过早退出劳动力市场[2]，带动人口红利向人才红利转变。第二，城市居住社区是承接"资本型"流动人口融入的主要平台，要积极推动"社区融入"策略，通过社区组织促进社区参与，构建社会支持网络，提供专业化社区服

---

[1] 李汉林、魏钦恭、张彦：《社会变迁过程中的结构紧张》，《中国社会科学》2010 年第 3 期。

[2] 李铁、徐勤贤：《城镇化视角下的人口发展》，《人口研究》2017 年第 1 期。

务，带动他们融入城市社会。第三，通过"组织化融入"策略发挥"雇工型"流动人口的组织优势，发挥工会的建设、参与、教育和维护四项基本职能，大力改善"雇工型"流动人口的待遇及福祉。提升职业技能水平与就业质量，充分利用技术成熟工的潜能和资源，带动"雇工型"流动人口成长为新型工人。第四，处于城市社会底层的"流动型"贫弱流动人口的融入关乎社会的和谐与稳定，要依据关照原则和社会保护原则、基于评估管理进行"分流安置"：一方面，积极采取"返乡安置"策略，充分利用国家精准扶贫、振兴乡村的发展机会，鼓励适宜农村生产、生活的流动人口返乡就业，将其培育为"爱农业、懂技术、善经营"的"新型职业农民"①或保护山区生态的护林工人；另一方面，对于继续留在城市的流动人口，要提升其就业技能和城市生活适应能力，积极引导他们从事环卫、社区照顾、物流、餐饮、家政等基础性公共服务工作。特别是流动人口管理中要避免人为、简单地将被标签为"低端劳动力"的脆弱人群推向农村，政策设计要为流动人口能够自由、理性的选择定居创造条件，且要更加注重对基层劳动者的保护与尊重、对弱势群体的包容与增能。

---

① 目前我国新型职业农民超1400万人，到2020年将达到2000万人，大多成为家庭农场、农民合作社、农业企业等新型农业经营主体带头人和现代农业的先导力量，参见 http://www.gov.cn/xinwen/2018－01/28/content_5261442.htm，最后访问日期：2018年7月5日。

|第二章|

乡－城移民社会融入的分化、评估及政策路径

——基于全国四大城市抽样调查数据的分析*

伴随收入差距的扩大，乡－城移民群体的社会分化正在加剧。数据分析发现当前移民群体已分化为"企业发展型""自雇发展型""雇工生存型""社区流动型"四大层级类型。政策设计只有采取差别化融入路径，才能回应各层级群体的融入需求。优化用工政策，积极推动"企业发展型"精英移民群体率先融入，大力改善"雇工生存型"工人群体的待遇及福祉。同时，采取社区融入策略，带动"自雇发展型"和"社区流动型"移民融入城市居住社区。特别是要依据社会关照原则，通过"返乡安置"策略推动"社区流动型"贫弱移民群体返回家乡。以赋权和增利为核心的"赋权式融入"，是畅通"层级流动"与"城乡流动"渠道、带动四大层级移民群体融入城市的根本途径。

一 限制社会排斥与促进社会融入

近年来限制社会排斥、促进社会融入成为发展型社会政策

---

* 本章部分内容发表于 2017 年《思想战线》第 4 期。

的主要研究议题。本章引入社会融入理论视角,不仅关注移民的贫困问题,而且深入到广泛的社会环境与社区生活之中,检视移民的社会关系,理解贫穷与社会不平等的深层根源。社会排斥（Social exclusion）是个人或群体完全或部分地被排除在社会、经济、政治和文化体系之外的动态过程,决定着个人在社会中的融合程度[1];因为个人不能控制的原因,他/她愿意参与但不能参与到所生活社会的社会活动中,排斥主要涉及消费、生产、政治活动、社会互动四个维度[2]。后工业资本主义时代灵活的、不稳定的劳动力市场的分化正在加剧社会排斥。

社会融入已经成为当前西方发达国家应对社会分化、实现可持续发展的重要策略。20世纪初,美国芝加哥大学的帕克和伯吉斯最先提出社会融合理论,该理论强调社会融合是个体或群体相互渗透的过程,融合要经历经济竞争、政治冲突、社会调节和文化融合四种递进、互动的过程。[3] 2002年欧盟委员会构建了系统的可供分享交流的社会融入指标体系,发布了《欧盟社会融入指标报告》,以评估欧盟各成员国促进社会融入政策行动的成效。[4] 社会融合旨在促进面临社会风险和社会排斥的边缘群体能够获得必要的机会和资源,全面参与经济、社会、文化生活的过程。欧盟专门设有社会保护和社会融合

---

[1] Walker, R. "Poverty and Social Exclusion in Europe," in A. Walker and C. Walker (eds.), *Britain Divided.* London: Child Poverty Action Group, 1997, P. 8. Byrne David. *Social Exclusion.* Berkshire: Open University Press, 1999, P. 128.

[2] Burchadt, T. Le, Grand, J. and Piachaud D., "Degrees of Exclusion: Developing a Dynamic, Muti-dimensional Measure," in J. Hills (eds.), *Understanding Social Policy.* Oxford: Oxford University Press, 2002, pp. 30-43.

[3] Park, R. E. and E. W. Burgess, *Introduction to the Science of Society* (2nd ed), Chicago: University of Chicago Press, 1921.

[4] T. Atkinson, B. Cantillon, E. Marlier, and B. Nolan, *Social indicators the EU and Social Inclusion*, Oxford University Press, 2002, pp. 1-19. pp. 27-28.

司，该部门进行有关融合政策制定和各成员国社会融合的管理。吉姆保纳等以贫困人口比例、相对剥夺感、家庭成员就业、教育及就业培训关键指标，测量 2006～2010 年欧盟 27 个成员国的社会融入水平及融入进程。[①]

二　乡－城流动人口（农民工）的社会融入

近年来，农民工群体的代际转型与阶层分化加剧，收入差距与社会分化正在形塑不同的社会阶层。新生代农民工及经济上率先富裕的农民工争取平等社会福利权的意识、融入城市的意愿增强。但僵化的城乡二元社会福利体制下的利益分配格局，长期制约农民工的城市融入，导致农民工子女教育的不融入、社会保障的不融入、住房体系的不融入，长期处于"半城市化"的状态，特别是新生代农民工面临城市与农村"双边不融入"的尴尬境地。[②] 大量的已长期稳定居住在一个城市的"非户籍人口"，依然被人们习惯性地称为"流动人口"或"农民工"，流动人口是"被流动的"[③]。农民工是指户籍仍在农村，在本地从事非农产业或外出从业 6 个月及以上的劳动者。[④] 为了涵盖农民工多样化就业群体，本章采用"乡－城移民"（Rural-urban migrant）概念，但在引用他人的研究时，沿

① F. Giambona and E. Vassallo. "Composite Indicator of Social Inclusion for European Countries," *Social Indicator Research*, Vol. 116, No. 1, 2014, pp. 269–274.

② 王春光：《我国城镇化发展的"量"与"质"》，《人民论坛》2018 年第 18 期；李强：《中国城市化进程中的"半融入"与"不融入"》，《河北学刊》2011 年第 5 期。

③ 关信平：《非户籍人口视角下的特大城市治理》，《中国社会科学报》2015 年 1 月 23 日，第 A08 版。

④ 《2015 年农民工监测调查报告》，参见 http://www.stats.gov.cn/tjsj/zxfb/ 201604/t20160428_1349713.html，最后访问日期：2018 年 7 月 6 日。

用原作者的"农民工"或"流动人口"概念。移民概念的引入，将当前中国的农村劳动力转移就业置于广泛的国际移民融入研究的范畴内，便于在国际城市化研究领域进行对话和交流。农民工市民化进程能够充分释放消费潜力，带动内需，促进"投资驱动型"经济向"内需带动型"经济转变，全面提升我国工业化和城市化水平。[①] 中央政府长期重视农民工社会融合重大问题。国务院于 2006 年、2014 年两次印发实施农民工工作的综合性政策文件，强调着力推动农民工逐步实现平等享受城镇基本公共服务和在城镇落户[②]；李克强总理在国务院常务会议明确提出"有序融入"的政策导向，"要重点推进长期在城市居住、有相对固定工作的农民工有序融入城市"[③]。从农村向城市转移就业的移民逐渐失去原来在乡村社区中的位置，日渐远离乡村的社会关系与生活方式。[④]"儿童相见不相识，笑问客从何处来"道出了千万农民工的离乡无奈。乡-城移民如何顺利融入城市是当前社会政策领域面临的重大议题。我国学者应用社会排斥与社会融入的理论框架，分析乡-城流动人口面临的社会问题，探究他们融入城市的政策路径。学界的研究主要围绕经济（就业与经济收入）融入、社会（社会

---

① Song Ligang, Wu Jiang and Zhang Yongsheng. "Urbanization of Migrant Workers and Expansion of Domestic Demand," *Social Sciences in China*, Vol. 31, No. 3, 2010, p. 194.

② 《国务院关于进一步做好为农民工服务工作的意见》（国发〔2014〕40 号）。这是继《国务院关于解决农民工问题的若干意见》（国发〔2006〕5 号）印发实施以来，国务院印发的第二个全面系统地指导做好农民工工作的综合性文件，参见 http://www.gov.cn/zhengce/content/2014 - 09/30/content_9105.htm，最后访问日期：2018 年 7 月 6 日。

③ 《李克强主持召开国务院常务会议部署做好农民工服务工作》，http://cpc.people.com.cn/big5/n/2014/0731/c64094 - 25373922.html，最后访问日期：2018 年 7 月 11 日。

④ 安东尼·吉登斯（Giddens, Anthony）：《社会学》（第 4 版），赵旭东等译，北京大学出版社，2003。

福利政策）融入、社会参与及政治融入、自身份认同与心理融入、代际转换与融入差异展开。

（一）就业与经济融入

经济融入是社会融入的基础，也是流动人口立足城市的基础，经济融入研究主要基于社会排斥、人力资本、社会资本或社会网络等视角，强调流动人口（农业转移人口）在劳动力市场中所处的职业地位，以及从事该职业的收入等。[①] 流动人口自身文化水平较低、劳动技能匮乏、就业稳定性较差、劳动时间长、收入水平低、职业声望差。[②] 青年乡 - 城流动人口的经济社会地位最低，该群体相对年长流动人口获得了更多的教育、就业机会，但与城市同辈相比，其被社会成果排斥在外。[③] 针对流动人口社会排斥现象的存在，一些学者认为流动人口的收入受到户籍制度的影响，户籍制度所形成的城乡隔离使流动人口在经济融入方面受到了劳动力市场的排斥[④]，户籍制度形塑了二元劳动力市场，对外来人口的就业机会、就业待遇以及

[①] 杨菊华：《社会排斥与青年乡 - 城流动人口经济融入的三重弱势》，《人口研究》2012 年第 5 期，第 72 页；史学斌、熊洁：《家庭视角下的农民工城市融合及其影响因素研究》，《人口与发展》2014 年第 5 期，第 49 页；李培林、田丰：《中国农民工社会融入的代际比较》，《社会》2012 年第 5 期，第 11 页。

[②] 杨菊华：《社会排斥与青年乡 - 城流动人口经济融入的三重弱势》，《人口研究》2012 年第 5 期，第 72 页；陈技伟、江金启、张广胜、郭江影：《农民工就业稳定性的收入效应及其性别差异》，《人口与发展》2016 年第 3 期，第 55 页。

[③] 杨菊华：《社会排斥与青年乡 - 城流动人口经济融入的三重弱势》，《人口研究》2012 年第 5 期，第 70~81 页。

[④] 程诚、边燕杰：《社会资本与不平等的再生产——以农民工与城市职工的收入差距为例》，《社会》2014 年第 4 期，第 71~73 页；李荣彬：《生计资本视角下农民工社会融合的现状及其影响因素——基于 2014 年流动人口动态监测数据的实证研究》，《人口与发展》2016 年第 6 期；武岩、胡必亮：《社会资本与中国农民工收入差距》，《中国人口科学》2014 年第 6 期；郭菲、张展新：《流动人口在城市劳动力市场中的地位：三群体研究》，《人口研究》2012 年第 1 期。

就业保障的排斥与歧视导致外来劳动力通常从事最底层、最低级的工作，很难有机会进入较高层级的工作岗位。① 其他学者认为，流动人口就业收入主要受到受教育水平、工作经验等个人资本的影响②，农民工从事中高端职业的重要条件是人力资本，而社会资本仅对低端职业有意义。③ 但一些学者认为将流动人口就业收入影响因素主要归因于受教育程度的差异是夸大了人力资本的作用，尤其不应将城市居民和农民工的收入进行比较研究，其不具有可比性，并且这种收入差距是由他们的生活环境和社会背景的巨大差异造成的。④ 而社会资本高的劳动者更可能进入到高收入的职业及行业中，因此农民工缺乏这些禀赋自然只能留在次级劳动力市场或收入较低的职业中，并且农民工的社会资本和人力资本存量存在先天不足，在农民工进入城市后，同质性较强的原始社会资本逐渐分化，新型社会资本的出现可能会借助中国的户籍制度障碍、劳动力市场分割等状况发挥作用，并会进一步通过劳动力市场来扩大农民工收入差距。⑤

一些学者侧重于从个体特征（个人禀赋）的角度研究流动人口的经济融入。性别对经济融入有重要影响，女性与男性相比经济融合程度更高⑥；女性农民工被置于城市劳动力市场

① 魏万青：《户籍制度改革对流动人口收入的影响研究》，《社会学研究》2012年第1期，第152页。

② 杨凡：《流动人口正规就业与非正规就业的工资差异研究》，《人口研究》2015年第6期，第103页。

③ 符平、唐有财、江立华：《农民工的职业分割与向上流动》，《中国人口科学》2012年第6期，第75页。

④ 程诚、边燕杰：《社会资本与不平等的再生产——以农民工与城市职工的收入差距为例》，《社会》2014年第4期，第73页。

⑤ 武岩、胡必亮：《社会资本与中国农民工收入差距》，《中国人口科学》2014年第6期，第52页。

⑥ 刘建娥：《乡－城移民（农民工）社会融入的实证研究——基于五大城市的调查人口研究》，《人口研究》2010年4期，第62~75页。

的最底层，特别是具有乡-城迁移和家庭化迁移"双重迁移"身份的女性，其作为家务劳动的主要承担者，在就业方面受到很多制约，有的女性农民工"迁而不工"，家庭化迁移使家务劳动的"价格"更高，女性更倾向于放弃就业而在家从事家务劳动以期降低生活成本。[①] 人力资本（受教育程度、就业培训或技能指导）影响农民工能否获得较高的经济社会地位，在现今看重文凭的社会里，农民工进入主流职业的主要障碍依旧是学历，特别是新生代农民工对学历教育表现出了较高的需求，受教育程度较高、工作经验比较丰富的流动人口获得正规就业机会的概率较高，其工资收入水平与其他流动人口相比较可观。[②]

除此之外，社会资本或社会网络也是影响流动人口经济融入的重要因素之一。在城市中，流动人口的同乡聚集有助于提高农民工的工资收入（经济融入），越倾向于同乡聚集的农民工从同乡聚集中获得的收入回报越高。[③] 一些研究发现，受教育程度越低的农民工越可能进入到工友为同乡的同乡聚集中。这种聚集所起到的主要作用是争取就业机会，而不是提高工资收入。大部分农民工之所以选择同乡聚集，是因为这种选择在劳动力市场分割情况下是维持一定竞争优势的保护措施，能维护其对原子化农民工群体的收入优势。[④]

---

① 李强：《"双重迁移"女性的就业决策和工资收入的影响因素分析——基于北京市农民工的调查》，《中国人口科学》2012年第5期，第104~110页。

② 汪传艳：《农民工参加教育培训意愿的影响因素分析——基于东莞市的调查》，《青年研究》2013年第2期，第40页；符平、唐有财、江立华：《农民工的职业分割与向上流动》，《中国人口科学》2012年第6期，第82页；杨凡：《流动人口正规就业与非正规就业的工资差异研究》，《人口研究》2015年第6期，第103页。

③ 张春泥、谢宇：《同乡的力量：同乡聚集对农民工工资收入的影响》，《社会》2013年第1期，第131~133页。

④ 魏万青：《自选择、职业发展与农民工同乡聚集的收入效应研究》，《社会学研究》2016年第5期，第185页。

一些研究聚焦于就业市场及户籍制度等相对宏观的影响因素以研究流动人口的经济融入。

（1）已有研究从职业流动次数、职业流动频率、是否更换工作或者某种类型职业流动视角分析了农民工的职业流动特征及其对收入的影响，发现农民工在城市就业的稳定性较差，职业流动较频繁。但是关于职业流动对其工资收入的影响，有些研究认为职业流动可以显著增加农民工收入[1]，而职业流动自然会引发一系列关于农民工的劳动权益的问题。农民工工资水平低并且经常遭受拖欠工资、加时多劳等，其进入城市就业后，签订劳动合同对农民工工资也有正向显著的影响，其中劳动合同对男性农民工工资的影响更大。[2]（2）户籍制度依旧是影响流动人口社会融入的主要因素，户籍性质决定的"城乡差分"和由户籍地点形成的"内外之别"对流动人口经济融入的影响最大。[3] 基于户籍制度的城市劳动力市场制度设置成为农民工融入流入地的障碍之一，随着城镇化的不断深入，相比微观层面的个人特征（个人禀赋），社会环境的快速变化直接影响着工资收入水平。有研究指出，"在中国特色的经济政治环境下，制度约束不仅将流动人口分为农村流动人口与城镇流动人口，更使两类群体的异质性及收入差异日益凸显"[4]。

① 陈技伟、江金启、张广胜、郭江影：《农民工就业稳定性的收入效应及其性别差异》，《人口与发展》2016年第3期，第55页。

② 谢勇、丁群晏：《农民工的劳动合同状况及其影响因素研究》，《人口与发展》2012年第1期，第83页；陈技伟、江金启、张广胜、郭江影：《农民工就业稳定性的收入效应及其性别差异》，《人口与发展》2016年第3期，第61页。

③ 杨菊华：《社会排斥与青年乡－城流动人口经济融入的三重弱势》，《人口研究》2012年第5期，第80页。

④ 于潇、孙悦：《城镇与农村流动人口的收入差异——基于2015年全国流动人口动态监测数据的分位数回归分析》，《人口研究》2017年第1期，第86页。

(二) 社会福利政策融入

农民工作为弱势群体，不仅无法享受到与当地居民同等的公共服务和福利待遇，而且个人权利也难以得到保障，其生计资本具有明显的脆弱性。一方面，相对于城镇居民而言，农民工的生理素质和心理素质较弱，在就业市场上处于不利地位；另一方面，农民工的工资收入低、职业地位低、居住条件差，进一步限制了他们与当地居民的交往与互动，影响他们经济收入的增加和社会地位的提升，使其无法积累足够的社会资本，因而常常陷入社会 – 政治的边缘性困境。制度性缺失及社会保障机制的匮乏，不仅加剧了农民工生计可持续能力的脆弱性，使其难以抵御各种社会风险的冲击，而且导致他们无力适应城市的生存环境，难以实现社会融合。[1] 另外，农民工的救助、保障体系还十分薄弱，农民工处于既脱离了农村扶贫体系，又不能加入城市社会救助体系"两头落空"的境地。[2]

国内学术界对农民工社会保障问题的研究主要集中在以下两个方面：一是农民工社会保障现状研究及制度安排，着眼于分析农民工社会保障问题形成的原因与障碍；二是关于农民工社会保障的对策。"农民工是城市社会的弱势群体，政府在保障农民工权益方面具有不可推卸的责任，因此政府应该加强社会保障立法，强化对弱势群体的援助。"[3] 有学者研究指出，

① 李荣彬：《生计资本视角下农民工社会融合的现状及其影响因素——基于 2014 年流动人口动态监测数据的实证研究》，《人口与发展》2016 年第 6 期，第 48 页。
② 朱晓、段成荣：《"生存 – 发展 – 风险"视角下离土又离乡农民工贫困状况研究》，《人口研究》2016 年第 3 期，第 31 页。
③ 石智雷、施念：《农民工的社会保障与城市融入分析》，《人口与发展》2014 年第 2 期，第 34 页。

工伤保险对城市融入的正向影响显著[1]，职业教育、技能培训、创业扶持等对新生代农民工城市融入有重要的作用，但是目前乡-城流动人口或农民工参与社会保险的比例仍然大大低于城-城流动人口或城市本地居民，就业状况仍然是流动人口参与社会保险项目的影响因素[2]。石智雷认为，农民工的社会保障体系越健全，他们的城市融入状况也就越好，其基于湖北省流动人口数据分析得出社会保险、就业保障及住房性保障对农民工城市融入有重要的影响，而推动农民工城市融入的不仅是单纯的经济因素，制度性因素也发挥着重要的作用。[3] 就土地保障方面而言，土地对于大多数农村人来说，不仅是基本的生产资料，也是基本的生活保障，土地的社会保障和失业保险功能是中国经济社会稳定的基础。推动城市化的进程不仅需要农村人口进一步向城市转移，并且需要推动其实现市民化，使这部分群体能够成为真正的城市人口，在这个问题上，如何处理土地问题是关键。[4] 政府需要扩大农村流动人口社保的覆盖面和提高其保障水平，并将进入城市工作的农村流动人口纳入城市社会保障系统，使之与城市居民享受相同的社保待遇，以此减少农村流动人口面临的不确定性、弱化土地的保障功能。农民工为我国经济发展做出了巨大的贡献，但是由于受到户籍制度、用工制度及个人人力资本和社会资本的制约，他们被隔离在城市社会保障制度之外，无法享受真正意义上的市民待遇。

---

[1] 韩俊强：《农民工工伤保险参保行为与城市融合——基于武汉市的调查》，《社会保障研究》2013年第4期，第57~66页。

[2] 郭菲、张展新：《农民工新政下的流动人口社会保险：来自中国四大城市的证据》，《人口研究》2013年第3期，第29页。

[3] 石智雷、施念：《农民工的社会保障与城市融入分析》，《人口与发展》2014年第2期，第42页。

[4] 余敬文、徐升艳：《土地保障、逆向激励与农村流动人口就业行为研究——以上海市为例》，《中国人口科学》2013年第1期。

因此，如何保护农民工的合法权益、提高他们的城市融入水平是一个亟待解决的问题。

目前农民工（流动人口）的社会保障仍存在问题，表现在社会救助、社会保险、社会福利三个方面。首先，社会救助严重不足使农民工的社会保障受到限制。社会救助处在整个社会保障体系的最低层次，是农民工生活保障的最后安全网，然而从农民工的社会救助状况来看，农民工在生活遭遇困难时很难得到来自社会救助的最后保障。而对于农民工来说，其大多是独自来到城市务工，由于流动性大等原因常常会陷入失业状态，其生活陷入困境的概率也相对较大。农民工收入普遍偏低，靠其自身力量很难摆脱困境。这就需要社会救助发挥其功能来保障农民工维持其基本生存，但在享受社会救助方面，农民工也受到各种限制。如城市最低生活保障制度，要求申请人必须具备的条件之一就是被保障人要具备本地城市户口。其次，社会保险参保率普遍相对提升但是对社会保险的认同度仍较低。社会保险在社会保障体系中处于核心地位，是社会保障水平的主要体现，其覆盖对象是劳动者，作为我国劳动群体重要组成部分的农民工应该被覆盖在社会保险制度范围内。而从近年来农民工参加社会保险的状况来看，虽然参保状况显著改善，但是对于社会保险的认同度不高，农民工表示对自己的参保状况不了解，并且对养老保险、失业保险、医疗保险、工伤保险等也只知其一不知其二，对于大多数从事危险作业且工作稳定性较差的民工群体来说，其工伤保险和失业保险的参保率也不容乐观。最后，社会福利缺失，社会福利处在社会保障体系的最高层次，在吸引农民外出务工的众多因素中，较高的城市职工社会福利水平是非常重要的一个方面，是农民外出务工过程中迫切期望得到的。而从现阶段农民工所享有的社会福利状况来看,其一直处在缺失状态,与城镇职工差距非常大。享受福利服务的平均次数较少,其内容主要是工作安全方面的服务,而对于心理健康、文娱、住房、技能培训等关于个人发展的更高层次的社会福利服务非常少。相比城镇职工普遍享受的福利,社会福利对于农民工群体的覆盖范围非常小。现阶段农民工享有的社会保障,无论是最低层次的社会救助还是处在核心地位的社会保险及最高层次的社会福利都处于不足状态,而这对于想通过外出务工获取更大收益的农民工来说,极大地削弱了他们外出务工的动力,成为现阶段农民外出务工的重要障碍因素。这个障碍也使得农民工融入城市的进程变缓。①

(三) 社会参与及政治融入

农民的工资收入低、职业地位低、居住条件差,进一步限制了他们与当地居民的交往与互动,影响他们经济收入的增加和社会地位的提升,使其无法积累足够的社会资本,因而常常陷入社会-政治的边缘性困境。② 在政治上,绝大部分流动人口实际上已经从户籍地的政治系统中脱离出去,但又没有流入地户籍和市民身份,既不会在流出地行使政治权利,且在中国现行的政治体制下,很多时候也不能参与流入地的政治生活,成为"政治边缘人"③。农民工社会权利的缺失比较严重,特

---

① 郭菲、张展新:《流动人口在城市劳动力市场中的地位:三群体研究》,《人口研究》2012年第1期;石智雷、施念:《农民工的社会保障与城市融入分析》,《人口与发展》2014年第2期;罗小琴、桂江丰:《流动人口参加城镇职工医疗保障的行为及成因分析》,《人口与发展》2014年第6期;郭菲、张展新:《农民工新政下的流动人口社会保险:来自中国四大城市的证据》,《人口研究》2013年第3期;和红、任迪:《新生代农民工健康融入状况及影响因素研究》,《人口研究》2014年第6期。

② 李荣彬:《生计资本视角下农民工社会融合的现状及其影响因素》,《人口与发展》2016年第6期,第48页。

③ 杨菊华:《社会排斥与青年乡-城流动人口经济融入的三重弱势》,《人口研究》2012年第5期,第72页。

别是从事高危工作的农民工群体，其在就业上缺失的权利有收益权、合同权、工伤与医疗以及住房权。长期以来，建筑工被排斥在城市社会福利体系之外，基本工伤保险、养老及医疗保险缺失。①

对于政治融入一词的界定，笔者认为政治融入的核心是参与，表现形式是组织化的政治活动，包括会议、选举、决策等政治议程，目标是实现利益诉求与社会整合②。目前农民工的政治参与在不同类型农民工中有显著的差异，主要表现在新生代农民工、精英农民工，甚至还有企业农民工与社区农民工，而对农民工的政治融入具有显著影响的是政治资本、社会资本与文化资本。精英农民工、新生代农民工的政治融入需求凸显，但制度化的政治参与途径不清晰，新生代、建筑业农民工的城市参与不足，精英农民工的政治融入需求凸显，随着农民工在城市居住时间的延长、受教育水平的提升、收入状况的改善，农民工群体的政治参与需求日益凸显，这就需要通过制度渠道促进农民工的政治参与。刘建娥认为，党团组织建设是农民工政治融入的重要引擎，政治资本对农民工的政治融入影响显著，政治资本的积累是促进政治融入最直接的发力点。③ 扩大党组织可以吸纳优秀、精英农民工参与城市党政正式组织，以党组织为核心带动社会组织广泛参与，并且可以针对企业农民工，以国有企业的农民工组织建设带动非公企业，为农民工政治融入开辟制度化途径，充分发挥党政权威组织在促进民主

---

① 亓昕：《农民工社会认同的形成——基于建筑业农民工的考察》，《人口与发展》2012 年第 6 期。
② 刘建娥：《从农村参与走向城市参与：农民工政治融入实证研究——基于昆明市 2084 份样本的问卷调查》，《人口与发展》2014 年第 1 期，第 72 页。
③ 刘建娥：《从农村参与走向城市参与：农民工政治融入实证研究——基于昆明市 2084 份样本的问卷调查》，《人口与发展》2014 年第 1 期，第 79 页。

政治建设及农民工政治融入过程中领航把舵的关键作用。[1]

（四）身份认同与心理融入

社会融入在个体层面体现出个人的社会身份认同感和归属感，在宏观层面体现出社会各个群体的融合程度。因此真正意义的社会融入必然是建立在外来人口对迁入地有高度的心理认同基础上的。[2] 流动人口进入城市之后，在经济条件方面、行为方式上与城市居民都有很大的不同。由于社会的变迁，传统的农业、农民也受到了现代化的冲击，乡土性的惯习也逐渐遭到重塑，传统文化向现代文化转变，两种文化的交融和冲击产生了新的现代文化。专业化分工和高新技术的日益普及加剧了流动人口与现代性的隔离，促使流动人口在认知观念、价值观念等方面逐渐疏远主流文化。乡土感情的不断变淡加之融入城市成为其中一员的想法强烈，使得流动人口处于两难的境地。其一方面排斥重回农村（流出地），另一方面又难以融入城市，既回不去农村也难以在城市立足稳定，流动人口成为一个边缘化群体。加上传统"等级观念"及户籍隔离的影响，流动人口会在心理上形成一种"自我防御机制"[3]。在社会交往方面，流动人口在流入地的人际关系网络较小，同质性强，主要是围绕地缘、血缘而形成。他们与城市居民缺乏互动，认为自己不被接纳和认同，这进一步加深了流动人口与城市居民之

---

[1] 刘建娥：《企业农民工与社区农民工政治融入的问题及对策研究》，《云南大学学报》（社会科学版）2014 年第 4 期。

[2] 崔岩：《流动人口心理层面的社会融入和身份认同问题研究》，《社会学研究》2012 年第 5 期，第 141 页。

[3] 李荣彬、袁城：《社会变迁视角下流动人口身份认同的实证研究——基于全国流动人口动态监测调查数据》，《人口与发展》2013 年第 6 期，第 28～34 页；杨菊华：《社会排斥与青年乡－城流动人口经济融入的三重弱势》，《人口研究》2012 年第 5 期，第 70 页。

间的距离。①

　　流动人口心理融入的研究主要是围绕身份认同展开的。这种身份认同一方面是流动人口自身身份认同，有学者将流动人口的身份认同模式分为拒绝型、一致型和矛盾型三种，认为一部分流动人口对自己的身份认同存在一种矛盾心理，新生代乡－城流动人口对于自身的市民身份是排斥的。② 而中国流动人口（农民工）难以实现身份认同，大部分学者认为这是因为社会中存在严格的制度隔阂，也就是流动农民的身份认同的最大障碍来自外部环境而不是个人内心，而这种隔阂在中国最为明显的就是户籍制度。③ 在城市长期居住的流动农民工因为户籍制度的隔阂不认同自己是城市人，加之某些个体农民工的行为方式与城市格格不入，流动人口与城市居民之间存在一定的隔阂，这也是流动人口身份认同的另一方面，即城市人口对于农民工群体的身份认同（接纳）。有研究指出流动人口在城市中是一种带标签的"污名化"的身份体现，城市居民对于个体农民工的认知延伸到对群体的认识，认为其素质低、没文化，这种身份认识使农民工在城市中遭受歧视和排斥，这也间接地使已经处于边缘的流动人口群体对于城市没有归属感。④ 身份认同是一个相互的过程，既需要流动人口自身的努力，也需要流入地城市居民的接纳。在这一过程中，流动人口与本地

---

① 杨菊华：《社会排斥与青年乡－城流动人口经济融入的三重弱势》，《人口研究》2012 年第 5 期，第 72 页；李荣彬：《生计资本视角下农民工社会融合的现状及其影响因素——基于 2014 年流动人口动态监测数据的实证研究》，《人口与发展》2016 年第 6 期，第 48 页。

② 侯亚杰、姚红：《流动人口身份认同的模式与差异——基于潜类别分析的方法》，《人口研究》2016 年第 2 期，第 38 页。

③ 李培林、田丰：《中国农民工社会融入的代际比较》，《社会》2012 年第 5 期，第 14 页。

④ 李荣彬、袁城：《社会变迁视角下流动人口身份认同的实证研究——基于全国流动人口动态监测调查数据》，《人口与发展》2013 年第 6 期，第 27 页。

户籍人口直接开展社会交往是最为简单、直接的渠道，并且流动人口通过与本地居民互动，形成对自己社会身份的认同，而这一认同又会对外来人口的社会行为产生相应的影响。[1] 有学者还具体从群体和个体两个层面对城市居民对流动人口的接纳意愿进行了实证分析，认为城市居民对流动人口整体持肯定态度，但在日常交往中对流动人口仍持疏离甚至排斥的态度，这从侧面反映了城市居民对于流动人口的接纳意愿影响甚至决定着流动人口的融入意愿和行为。[2] 同时人际交流互动也是造成流动人口与本地城市居民形成无形隔阂的因素之一，虽然其是促进流动人口身份认同的重要手段，但是通过这一过程，农民工将自己划入某一群体并与其他群体相区分，无形之间又阻碍了其在心理上融入城市。[3]

（五）代际转换与融入差异

户籍在农村、在农村长大、没有受过高等教育、现已进入城市务工或经商的 80 后、90 后农村流动人口即新生代农民工。与第一代农民工相比，新生代农民工受教育程度更高、能力更强、城市融入期望也更高。新生代农民工是指改革开放以后出生，20 世纪 90 年代末进城务工，现在正值青年阶段的人。他们所处于的我国社会转型时期对他们的行为、生活及价值取向都产生了不同的影响。他们在城市生活方面与上一代农民工相比拥有更高的接受能力和适应能力，但是由于市场的需求和现

---

[1]　侯亚杰、姚红：《流动人口身份认同的模式与差异——基于潜类别分析的方法》，《人口研究》2016 年第 2 期，第 47 页；崔岩：《流动人口心理层面的社会融入和身份认同问题研究》，《社会学研究》2012 年第 5 期，第 142 页。

[2]　宋月萍、陶椰：《融入与接纳：互动视角下的流动人口社会融合实证研究》，《人口研究》2012 年第 3 期，第 38 页。

[3]　侯亚杰、姚红：《流动人口身份认同的模式与差异——基于潜类别分析的方法》，《人口研究》2016 年第 2 期，第 38～39 页。

代企业的发展，他们在技术技能、职业教育等方面也显示出不同的局限性。

中国的农民工流动是在城市化、工业化过程中，人口从农村向城市转移的过程。受户籍制度等因素的影响，中国数以亿计的农民工难以在城市社会扎根，从而形成与西方社会"二代移民"不同的新生代农民工群体。关于新生代农民工和老一代农民工在社会融入状况上的差异，至少可以从以下三个方面理解。第一，从代际差异看，一般西方移民理论认为"二代移民"由于在迁入地的城市社会中成长起来，其社会融入状况要比"一代移民"好，但中国新生代农民工却与父辈一样，仍然是在迁入地的农村地区长大后才流动到城市的。[1] 第二，从社会政策的影响看，制度环境改善的受益者显然是新进入城市社会的新生代农民工。第三，从劳动力需求及结构变化看，以廉价劳动力为基础的经济发展模式正在悄然改变，对劳动力的需求也出现了相应的变化，技术工人短缺越来越明显。作为廉价劳动力的老一代农民工已经逐步退出城市劳动力市场，而新进入的新生代农民工具有更高的技能水平[2]，其适应程度应该好于老一代农民工。但其在具体融入方面与老一代农民工还有一定的差异。

首先，在经济层次的融入方面，老一代农民工和新生代农民工之间在职业类别选择中并没有本质差别，他们大多数从事的还是一般城里人不愿意从事的艰苦和劳累的职业，但在具体的工作条件、收入和消费状况上，老一代农民工和新生代农民

---

[1] 卢晖临、潘毅：《当代中国第二代农民工的身份认同、情感与集体行动》，《社会》2014 年第 4 期，第 3 页。

[2] 杨菊华、吴敏、张娇娇：《流动人口身份认同的代际差异研究》，《青年研究》2016 年第 4 期，第 17 页。,

工之间具有差异[①]。而如今新生代农民工面临着就业选择及就业机会的不断变动，频繁的工作流动不仅对新生代农民工的工作构成挑战，也瓦解了其正常生活的根基。[②]

其次，在社会层次的融入方面，经济层次的融入会有助于迁移人口或者流动人口在社会层次的融入，社会层次的融入是在经济层次融入基础上的进一步发展。社会层次融入更强调流动人口在社会关系、社会互动的融入。在这一方面老一代农民工都要优于新生代农民工。这是因为两代农民工的流动区域不同，老一代农民工的流动区域主要集中在本乡本土，他们的社会互动频率要高一些；新生代农民工流动在异乡，社会互动程度明显不如老一代农民工。

再次，心理层次的接纳，这也是更重要的层次。老一代农民工和新生代农民工对农村人的心理接纳程度差异并不明显，在对城里人的接纳程度上，新生代农民工显然好于老一代农民工。新生代农民工多数是直接从学校走向城市，缺少农村生活的感受，对城市生活有更加强烈的期望，老一代农民工对农村人的心理接纳程度较高，新生代农民工对城里人的心理接纳程度较高[③]。

最后，身份层次上的认同是社会融入过程中最关键的一环，也是最后一环。老一代农民工已经逐渐退出城市劳动力市场，而新生代农民工已经成为外出务工的主要力量。新生代乡－城流动人口在自身素质方面较老一代农民工有了较大的提

---

① 李培林、田丰：《中国农民工社会融入的代际比较》，《社会》2012 年第 5 期，第 11 页。

② 黄斌欢：《双重脱嵌与新生代农民工的阶级形成》，《社会学研究》2014 年第 2 期，第 184 页。

③ 李培林、田丰：《中国农民工社会融入的代际比较》，《社会》2012 年第 5 期，第 12 页。

升，他们对自己在城市的生活有了更高的期许，但在现实情况下，却并不满足于现状。尽管新生代农民工的工作与生活环境远优于老一代农民工，但高期待与低现实之间的落差造成了新生代农民工对于自身市民身份的排斥。[①] 第一代农民工的身份认同是从自我否定到接受其农民身份的一个完整历程，其身份政治弱化并且他们集体行动的能力削弱了，而第二代农民工已经没有办法完成一个完整的身份认同的循环历程，他们期望将自己转变为城市工人，但是融入遭到了户籍的阻隔，后退则缺少了土地的庇护。[②]

三 乡－城移民的相关研究及评述

（一）户籍改革与定居选择

城镇流动人口比农村流动人口在收入方面占有更大优势，农村流动人口因受户籍制度等的影响而处于劣势地位。假如同样处于高收入阶层，两类人群并没有因为相近的特征变量而获得相似的工资待遇，反而收入差异最大，其中农村流动人口受户籍制度的影响也最深，有些人根本无法通过自身禀赋彻底改变自身境遇。从某种角度来说，户籍制度始终是城镇人口的优势，农村流动人口很难通过合理的上升渠道获得与城镇流动人口一样的报酬，社会阶层的跨越变得更加举步维艰。[③] 并且户

---

① 侯亚杰、姚红：《流动人口身份认同的模式与差异——基于潜类别分析的方法》，《人口研究》2016 年第 2 期，第 47 页。

② 卢晖临、潘毅：《当代中国第二代农民工的身份认同、情感与集体行动》，《社会》2014 年第 4 期，第 20 页。

③ 于潇、孙悦：《城镇与农村流动人口的收入差异——基于 2015 年全国流动人口动态监测数据的分位数回归分析》，《人口研究》2017 年第 1 期，第 94 页。

籍制度是一项与资源配置和利益分配密切相关的制度，在当下中国，户籍制度除了有登记和管理人口的职能外，还与能够享受到的福利密切相关。随着市场化进程的推进，户籍制度的弊端越来越明显：一是限制了流动人口中的高端人才融入城市社会，也限制了城市对优秀人才的吸纳；二是限制了城市居民中低层次人才的流动，妨碍了他们通过流动获得更为匹配的工作，从而限制了他们改善生活处境的可能性。[①] 由于户籍上的差异，他们认知的身份依然是外来人口，他们在心理上会对这种制度上的障碍有较强的认同，从而主动放弃融入这一选择，特别是在大城市，这一点体现得尤为明显。户籍制度使得一部分外来人口形成心理上的融入"效能感"降低，从而使他们选择主动隔离和不融入，对其现居住地抱有一种"暂时性"的心态。

2012 年出台的《国务院办公厅关于积极稳妥推进户籍管理制度改革的通知》提出逐步实现城乡基本公共服务均等化。2013 年颁布的《中共中央关于全面深化改革若干重大问题的决定》和 2014 年颁布的《国务院关于进一步推进户籍制度改革的意见》则明确提出全面放开建制镇和小城市落户限制。不同时期的户籍改革重点不同。20 世纪 80 年代户籍改革重点解决的是农民进不了城的问题，而 90 年代户籍改革重点解决的是农民工进城落户问题，而最新一轮户籍改革的重点在于解决农民工在城镇的市民化问题。[②]

有学者认为户籍改革对于城市低层次劳动者来说是有利的。户籍不仅限制了农村人口向城市流动，也限制了城市居民

[①] 魏万青：《户籍制度改革对流动人口收入的影响研究》，《社会学研究》2012 年第 1 期，第 152～168 页。

[②] 田丰：《逆成长：农民工社会经济地位的十年变化（2006～2015）》，《社会学研究》2017 年第 3 期，第 123 页。

的流动，限制了他们寻找更匹配工作的可能性。户籍改革解决了劳动力的流动性问题，也意味着增加了城市居民中的一些群体通过工作流动寻求更匹配的工作的可能性。从这个意义上说，户籍改革的影响是多向度的，解决的不仅仅是户籍对农村人口向城市流动的限制问题，更有城市人口的流动性问题，对整个社会来说，这都是有利的。[①] 通过渐进的户籍制度改革可以推动农民工有序融入城市。居住证制度的实施并不意味原先城乡户籍背后的公共服务差异的消失。随着就业市场化的推进，与就业相关联的五险一金已经逐步与城市户口脱钩。因此，户籍制度改革的本质，是推动流动人口获得城市户口包含的最低生活保障、保障性住房待遇和子女教育等三项排他性公共服务，逐步弱化并最终消除农村土地的保障功能。[②] 户籍制度改革的影响是多向度的，从当前户籍制度改革的总体导向来看，越是在大城市，流动人口在户口迁移和获得城市公共服务上面临的限制可能越大。因此，我们有必要考察城市规模与农民工家庭化趋势的相关关系。如果农民工的家庭化趋势并未随着城市规模的扩大而减弱，那么我们需要对当前城镇化政策与农民工流动趋势之间呈现出来的冲突予以充分重视，并借此进一步寻求城市户籍政策和公共服务的完善策略。[③]

居住选择是农民工生计资本和社会能力的重要体现，但是随着经济的快速发展，城市里高昂的房价使得那些经济收入低、生计资本薄弱的农民工难以承受。他们只能居住在临时性

---

① 魏万青：《户籍制度改革对流动人口收入的影响研究》，《社会学研究》2012年第1期，第170页。

② 王瑞民、陶然：《"城市户口"还是土地保障：流动人口户籍改革意愿研究》，《人口与发展》2016年第4期，第20页。

③ 汪建华：《城市规模、公共服务与农民工的家庭同住趋势》，《青年研究》2017年第3期，第32页。

住房里，而且房子面积狭小，缺乏基本设施，从而形成明显的居住隔离，即所谓的"物以类聚，人以群分"，并由此导致社会阶层分化在城市空间上呈显性化，阻碍了农民工社会融合的进程。①

目前为止通过改变户籍和购买房屋等方式真正长久留在城市的还是少数，且大多数研究也无法确定农民工未来是否会永久留城。② 对于流动人口定居选择的研究主要关注其选择影响因素，学术界将影响农民工留城意愿的因素主要归为四类。一是个人因素，性别、年龄、受教育程度等都会影响其留城定居意愿。男性比女性更愿意留在城市；受教育程度高的更愿意留在城市；年龄对流动人口的城市定居意愿有负向影响③，年轻人在城市的谋生能力更强，更愿意在城市定居；在城市拥有更多社会资本的更意愿留在城市。二是家庭因素，家庭成员及婚姻状况有利于其在城定居。三是流动因素，在城市的时间、打工时间越长，在工作经验积累、环境熟悉等方面的优势也越突出，因此融入城市的意愿与能力更强。四是社会环境因素，对流入地政府的认同感能够显著提高他们的留城意愿④，并且农民工的城市定居意愿具有显著的大城市和省内城市偏好，其中省会城市比中小城市以及其他城市更有吸引力。与中小城市相比，大城市往往拥有更多经济、教育、文化、医疗资源，尽管

---

① 李荣彬：《生计资本视角下农民工社会融合的现状及其影响因素——基于2014年流动人口动态监测数据的实证研究》，《人口与发展》2016年第6期，第53~55页。

② 刘茜、杜海峰、靳小怡、崔烨：《留下还是离开——政治社会资本对农民工留城意愿的影响研究》，《社会》2013年第4期，第105页。

③ 王瑞民、陶然：《"城市户口"还是土地保障：流动人口户籍改革意愿研究》，《人口与发展》2016年第4期，第26页。

④ 孙中伟：《农民工大城市定居偏好与新型城镇化的推进路径研究》，《人口研究》2015年第5期，第73页。

中小城市的物价与房价更加便宜，但为了获得更多公共资源，农民工在考虑定居地时，依然倾向于大城市而非中小城市。对于农民工来说，理想的定居地应该同时能够满足资源与情感两个需要，而省会城市恰恰可以很好地平衡二者，可以同时满足农民工对资源和情感的需要。因此，在考虑定居意愿时，省会城市往往是其优先选择。随着新农村建设的开展，农村基础设施与生活条件越来越好，中小城市定居对农民工来说只是实现了居住地点的改变，生活质量和资源占有并无多大改善，反而因此损失土地或宅基地的利益，因此中小城市对农民工缺乏吸引力。[①]

除此之外，农民工初次进城的目的也影响其定居选择。如果农民工初次进城的目的是"定居城市"，那么他们就会为获得定居城市的能力而努力工作，积极适应城市社会、融入城市社会。相反，如果起初进城的目的就是"挣钱回家"，那么相对而言，他们就缺乏积极留城的动力。流出地的推力大于拉力的农村地区的农民工更容易定居城市，家乡没有承包地、农业收入低、距离流入地近等都有助于农民工做出定居城市的选择。[②]

（二）乡 - 城流动人口的家庭化迁移

家庭迁移是一个漫长的过程，对于家庭化流动，以往的研究较多地强调夫妻共同外出（或称为半家庭式流动），但这仅仅只是横向的家庭化关系，农民工的流动中家庭化不仅包括横向的家庭化流动，也包括纵向亲子关系的家庭化流动（或称为

① 孙中伟：《农民工大城市定居偏好与新型城镇化的推进路径研究》，《人口研究》2015 年第 5 期，第 82 页。

② 罗遐：《农民工定居城市影响因素的实证分析——以合肥市为例》，《人口与发展》2012 年 1 期，第 67 页。

家庭式流动），当然纵向的家庭化流动是以横向家庭流动为前提的。[①]

目前在家庭化迁移方面学术界主要关注两个方面，一方面是家庭迁移的主体的特殊性，另一方面是过程的特殊性，针对其过程和主体的特殊性要进一步进行一系列的现状或未来趋势分析，以及家庭化迁移所带来的影响及因素研究。随着中国城镇化进程的不断加快，作为城镇化主体的农民工群体，其流动的形态正发生着变化：从单一劳动力到携妻带子的"家庭化"迁移。家庭化迁居已成为我国未来人口流动的主要趋势。[②] 学界对家庭化迁移的过程研究相对成熟，按照家庭迁居的程度，将流动家庭划分为已完成迁居和未完成迁居的家庭。家庭迁移过程主要以分批迁居的方式进行。这种方式受到家庭经济水平、家庭规模等因素的影响，并且不同批次的迁居成员在人力资本上呈现不同的选择性，先到城市的流动人口与后来的流动人口之间有着密不可分的关系，这种关系以血缘关系居多。一般是男性先迁移，再带动女性迁移，最后是孩子随迁，从劳动力个体流动到家庭迁移。[③] 有的学者也将流动过程区分为流动模式、流动进程和流动批次[④]，并且在人口流动中，农村内亲属先后流动比较常见，原有的网络因为流动继续扩散并且能为后迁者提供帮助或者支持，使迁移规模不断扩大。

① 盛亦男：《中国流动人口家庭化迁居》，《人口研究》2013 年第 4 期，第 73 ~ 76 页；刘成斌、童芬燕：《农民工子女随迁现状与推进路径》，《青年研究》2016 年第 1 期，第 18 页；杨菊华：《人口流动与居住分离：经济理性抑或制度制约?》，《人口学刊》2015 年第 1 期，第 27 页。
② 盛亦男：《流动人口家庭迁居的经济决策》，《人口学刊》2016 年第 1 期，第 59 页；刘成斌、童芬燕：《农民工子女随迁现状与推进路径》，《青年研究》2016 年第 1 期，第 11 页。
③ 盛亦男：《中国流动人口家庭化迁居》，《人口研究》2013 年第 4 期，第 73 页。
④ 杨菊华：《人口流动与居住分离：经济理性抑或制度制约?》，《人口学刊》2015 年第 1 期，第 27 页。

为了维系家庭的稳定，追求更高的家庭收入或者为了孩子能够接受更好的家庭教育，家庭成员都向城市流动，这也是一些学者所提出的家庭化迁移的结果，家庭化迁移主要是为了"聚"。[1] 家庭化迁移受到家庭经济水平、家庭规模等因素的影响，一方面要考虑定居意愿，另一方面要考虑自身定居能力。一般认为流动人口从原居住地流出后并在城市中定居才是迁移行为的最终完成，也就是说，农民工"迁移"行为的完成"标准"是其在城市中定居。但在我国，流动人口从流出到永久定居却间隔了很长的时间。家庭式流动（核心家庭流动）在我国中部地区和跨县流动者中的比例较高；在经济发达和欠发达地区家庭式流动的比例相对较低，两地的家庭成员团聚的批次较少、间隔较短，在经济发达地区家庭成员团聚的次数更少，因为经济发达地区团聚成本较高，而经济欠发达地区优质资源的不足对流动人口携家带口的吸引力不够。[2]

家庭化迁居使人口流动逐步摆脱了盲目流动或单纯的个人流动阶段，流动人口开始以家庭的形式在城市中居住甚至成为事实上的常住人口，但随着人口流动性的加强，流动人口的家庭化迁居出现了一些问题。家庭化迁居对于农村家庭来说意味着家庭的分离或者代际的分离，这就需要家庭自身去调节及内部消化。女性农民工有着"双重"困境，一方面是性别困境，家庭迁移后，其在城市工作机会不如男性多，另一方面是家庭方面的困境，女性在家庭中是养育的角色[3]。流动人口中拥有

---

① 杨菊华、陈传波：《流动人口家庭化的现状与特点：流动过程特征分析》，《人口与发展》2013 年第 3 期，第 3 页；杨菊华：《人口流动与居住分离：经济理性抑或制度制约？》，《人口学刊》2015 年第 1 期，第 27 页。

② 杨菊华、陈传波：《流动人口家庭化的现状与特点：流动过程特征分析》，《人口与发展》2013 年第 3 期，第 2 页。

③ 李强：《"双重迁移"女性的就业决策和工资收入的影响因素分析——基于北京市农民工的调查》，《中国人口科学》2012 年第 5 期，第 104～110 页。

家庭住房的比例相对较少，城市中流动人口的居住方式大都是租房或者政策性住房，其在物质基础上还不足以扎根。有的学者还认为家庭化迁移不利于流动人口人际网络的扩展，无论是已完成迁居的家庭还是未完成迁居的家庭，他们与老家的联系逐渐变弱，城市中的人际以血缘为主，有固定工作的流动人口还具有业缘人际网络，但这种人际关系让其在心理方面对城市没有产生很强的归属感；也有学者认为家庭迁移存在促使流动人口拓展人际网络的动力，当家庭迁移成员在城市中稳定下来，其将会获得更多的社会支持和服务，其会通过职业、社区等的关系参加各类社会活动，建立新的类似趣缘的人际关系。[①]除此之外，随迁子女教育问题是城市流动人口最关注的问题，也是流动人口选择家庭化流动最关键的因素，家庭化迁移让随迁子女能获得更好的受教育机会，但在选择教育资源方面逐渐成为流动人口的负担，目前城市流动人口的期望就是流入地政府能加强、完善教育资源的供给机制。[②]

但是流动人口的家庭化迁移行为整体看是未来可观的趋势。刘成斌认为，"随着第一代农民工的逐渐回流和新生代农民工成为产业工人的主体等变化，新生代农民工的发展理念、社会价值观的实质性变化。农民工家庭化流动是实现人口城镇化的重要构成部分，而农民工子女随迁既可以减少留守儿童风险，又能促进国家人口城镇化进程"[③]。

① 梁辉、胡健、杨云彦：《迁移模式对农民工人际网络构建的影响研究》，《人口与发展》2014 年第 2 期，第 46 页；盛亦男：《中国流动人口家庭化迁居》，《人口研究》2013 年第 4 期。
② 汪建华：《城市规模、公共服务与农民工的家庭同住趋势》，《青年研究》2017 年 3 期，第 40 页。
③ 刘成斌：《农民工流动方式与子女社会分化——对中国人口流动制度设计的反思》，《中国人口科学》2013 年第 4 期，第 115 页。

（三）乡－城流动人口阶层分化

学界也开始关注劳动力转移就业带来的社会分化。学者通过质性研究方法，基于浙江乡镇的个案研究，强调重视社会整合以缓和农民经济分化和阶层分化引发的社会压力。[①] 实证研究涉及"温饱型"、"小康型"和"发展型"农民工群体的组织化融入状况；"自雇农民工"比"受雇者"更倾向于定居城市；农民工市民化应瞄准优先推进群体、实施梯度转移，要从流动形态及职业角度分阶层、分群体地研究流动人口的社会融合。[②] 这些观点和主张对于深入认识和研究农民工阶层分化的新趋势、新问题带来诸多启发，不过融入政策研究比较薄弱。

本章在已有研究的基础上，基于四大城市调查数据的分析，检视乡－城移民群体融入分化状况，并基于移民主体内在的城市融入水平与外在组织化水平的差异，构建"乡－城移民融入分化层级模型"，系统研究农民工群体的内在分化及融入路径。

四 乡－城移民融入指数及评估

研究数据来自课题组在昆明、天津、西安、东莞四大城市的问卷调查，样本量为 1940 份。移民群体的异质性较强，就

[①] 罗兴佐：《阶层分化、社会压力与农民上访——基于浙江 D 镇的调查》，《思想战线》2015 年第 4 期。

[②] 陈旭峰、田志锋、钱民辉：《社会融入状况对农民工组织化的影响研究》，《人民大学学报》2011 年第 1 期；李树茁、王维博、悦中山：《自雇与受雇农民工城市居留意愿差异研究》，《人口与经济》2014 年第 2 期；熊景维、钟涨宝：《农民工市民化的结构性要件与路径选择》，《城市问题》2014 年第 10 期；尹志刚：《关于城市流动人口社会融合的几点思考》，《新型城镇化与流动人口社会融合论文集》2014 年，第 211～212 页。

业及居住方式多样化，所以调研采取"就近抽样"和"滚雪球抽样"的方法①，选择移民较集中的地方发放问卷，包括工地、工厂、宿舍、社区、集市等，通过问答式的方法开展问卷调查。运用统计软件 SPSS 进行数据处理与分析。

在主观融入指标的基础上②，进一步引入客观指标体系，建立三级指标体系：一级维度（RUMI I）－二级指标（RU-MI II）－三级变量（RUMI III），形成乡－城移民社会融入综合测量指数。主观融入涉及生活维度与工作维度，客观融入包括经济维度与社会维度。主观融入权重为 20 分，客观融入权重为 80 分，对应的操作化指标及变量如表 2－1 和表2－2所示。

移民的主观融入综合指数测量表明，有 56.3% 的移民的生活满意度比农村好，生活维度的 5 项测量指标中，本人健康状况、社会服务指标的主观评价较低。工作维度的 5 项指标中，收入状况的评价较好，有 51.0% 的移民认为收入状况比农村好（见表 2－1）。正如李培林等的研究所指出的，在经济收入较低、劳动强度较大的情况下，农民工普遍有积极的社会态度；影响农民工态度和行为的因素，更重要的可能不是社会横向比较，而是自身的纵向比较，因而更显著地遵循历史决定逻辑，而不是经济决定逻辑。③

---

① 艾尔·巴比：《社会研究方法基础》，邱泽奇译，华夏出版社，2002，第163～166页。

② 刘建娥：《乡－城移民社会融入的实证研究？——基于五大城市的调查》，《人口研究》2010 年第 4 期。

③ 李培林、李炜：《农民工在中国转型中的经济地位和社会态度》，《社会学研究》2007 年第 3 期；李培林、李炜：《近年来农民工的经济状况和社会态度》，《中国社会科学》2010 年第 1 期。

表 2－1　乡－城移民主观融入综合测量指数

一级维度 RUMI I	二级指标 RUMI II	三级变量 RUMI III	百分比（%）
生活维度评价 LSI （10 分）	居住条件 LSI1	比农村好 BLSI1	32.9
	社会服务 LSI2	比农村好 BLSI2	25.2
	业余娱乐活动 LSI3	比农村好 BLSI3	44.2
	本人健康状况 LSI4	比农村好 BLSI4	22.5
	生活满意度 LSI5	比农村好 BLSI5	56.3
工作维度评价 ESI （10 分）	工作环境 ESI1	比农村好 BESI1	28.5
	收入状况 ESI2	比农村好 BESI2	51.0
	劳动强度 ESI3	比农村好 BESI3	43.4
	稳定性 ESI4	比农村好 BESI4	35.2
	安全性 ESI5	比农村好 BESI5	25.7

客观融入指数测量表明，移民经历就业市场与城市社会体系的双重排斥。（1）移民就业性质大多是体制外非正规部门就业，占比为 82.6%，低技能型就业的比例较高，占 43.6%。收入总体上水平偏低，与城市职工的平均收入水平有较大的差距。居住条件较差，有 79.8% 的移民只能自租或合租房。（2）社会融入的水平较低，集中表现为社会保险参与率较低，社会服务缺失，社区融入不充分。城市五险的参与率不高，参与率均没有超过 15.0%。城市社会服务体系及教育制度安排滞后，需求凸显的家庭照顾服务长期缺失，引发留守儿童、留守老人等一系列社会问题，导致移民家庭结构与家庭功能失衡。数据表明，子女、老人照顾仅占 11.6%；仅有 20.0% 的随迁子女能够进入城市公立学校。社区融入方面，与本地居民交往占 37.5%，社会歧视和偏见有所改善，但社区参与不足，移民依然被排斥在社区管理决策之外。

表 2－2 乡－城移民客观融入综合测量指数

一级维度 RUMI I	二级指标 RUMI II	三级变量 RUMI III	百分比（%）
经济维度 EOI （40分）	行业性质 TEOI （5分）	体制内正规部门 TEOI1	13.3
		体制外非正规部门 TEOI2	82.6
	技能水平 SEOI （5分）	技能/半技能型 SEOI1	53.2
		低技能型 SEOI2	43.6
	收入水平 IEOI① （10分）	2792 元及以上 IEOI1	2.5
		1773～2791 元 IEOI2	7.8
		1772 元及以下 IEOI3	85.3
	住房类型 HEOI （20分）	自购房 HEOI1	3.5
		自租房 HEOI2	30.2
		合租房 HEOI3	49.6
社会维度 SOI （40分）	社会保险 ISOI （10分）	参加医疗保险 ISOI1	14.4
		参加工伤保险 ISOI2	11.5
		参加失业保险 ISOI3	6.9
		参加养老保险 ISOI4	11.3
		参加生育保险 ISOI5	3.8
	社会服务 SSOI （10分）	职业培训 SSOI1	30.8
		职业介绍 SSOI2	28.8
		身体检查 SSOI3	30.0
		法律服务/纠纷调解 SSOI4	8.0
		子女、老人照顾 SSOI5	11.6
	社区融入 CSOI （10分）	与本地居民交往 CSOI1	37.5
		参与社区活动 CSOI2	17.2
		参与社区居委会 CSOI3	21.5
		参与社区组织 CSOI4	20.4
		参与社区选举 CSOI5	1.4
	子女教育 ESOI （10分）	城市公立学校 ESOI1	20.0
		城市民办学校 ESOI2	12.6

---

① 本次研究统计调查结果显示：农民工月平均工资为 1773 元，依据人力资源和社会保障部《2011 年度人力资源和社会保障事业发展统计公报》数据资料统计，城市在岗职工平均工资为 2792 元。

统计表明，乡 - 城移民群体的社会融入进程已经呈现明显的分化趋势。乡 - 城移民融入度最大值为 71 分，最小值为 14 分，均值为 32 分。笔者将 30 分及以下界定为"欠融入"，31~51 分的界定为"准融入"，51~100 分界定为融入。目前我国乡 - 城移民的社会融入度偏低，近半数仍然处于"欠融入"状态。

五　乡 - 城移民的融入分化层级

乡 - 城移民的社会融入已成为城市与社会转型期最为复杂的社会建设工程，融入进程只能分层次、分步骤推进。那么，如何推动乡 - 城移民从欠融入、准融入向融入状态发展？生活机会与社会关系是结构与行动互动的结果[1]，所以限制社会排斥、促进融入的政策策略要重视结构（structure）与主体（agency）的平衡。乡 - 城移民的城市融入在结构方面受到外在就业组织化水平的限制，同时，在行动方面取决于自身内在的融入要素。具体而言，从结构层面分析，正规就业的乡 - 城移民比非正规就业的更易融入城市，移民依托用工企业就业组织优势，拥有较好的社会资本和经济资本。而非正规就业的乡 - 城移民组织资源极为匮乏，社会资本薄弱。这些移民包括私营业主、个体工商户及分散在城市社区的自我雇佣者（小商贩）及临时性雇员（站工等）。从主体层面看，因个体人力资本及复杂的经济社会因素不同而形成了城市融入水平的分化。数据表明，男性，健康状况良好，拥有较好人力资本、经济资本和社会资本的移民具有融入优势，更易融入城市。所以，不

---

① Alcock, Pete. Understanding Poverty. The Third edition, Basingstoke: Palgrave. 2006. pp. 35 – 37.

仅要积极培养移民主体自身的责任与竞争意识，促进其人力资本、社会资本积累和提高就业技能，提升融入水平，还要强调用工企业的组织化水平提升，推动非正规就业向正规就业发展，并促进就业组织的能力建设与责任意识培养。如果脱离就业环境，只片面强调主体自身努力，则融入难以走出结构困境，终将受困于因组织和规范建设薄弱而带来的资本匮乏及参与不足。

内在城市融入水平与外在组织化水平的差异，正在形塑移民群体日益显著的阶层分化格局，基本形成"企业发展型"、"自雇发展型"、"雇工生存型"和"社区流动型"四大层级（见图2－1）。这四大类型群体各自有着不同的处境、资源、前途与命运。（1）"企业发展型"：是指融入水平、就业组织化水平都较高的移民。他们通过正规就业方式在大中型企业中从事技术管理类工作，成为率先融入城市的移民精英群体。（2）"自雇发展型"：是指融入水平较高，但就业组织化水平较低的自我雇用型移民（私营业主）。尽管他们拥有经济资本优势，生活相对富足，但社会地位仍较低，成为身份尴尬的边缘化移民。（3）"雇工生存型"：是指融入水平较低，但就业组织化水平较高的蓝领工人群体。这些占据产业工人半壁江山的农民工已经构成我国城市化、工业化时代工人阶级的主体，但社会福利政策缺失导致他们仍然成为处于边缘化的"多数"过渡型群体。（4）"社区流动型"：是指融入水平、就业组织化水平都较低的移民。他们大多聚集在城中村，或散居于城乡结合部社区，从事回收废品、擦皮鞋、站工等低收入工作，经济资本、社会资本匮乏，成为城市社会与农村社会双重边缘化的底层贫弱群体。概言之，"企业发展型"具有一定社会地位和上升途径；"自雇发展型"、"雇工生存型"相对比较边缘化，面临较突出的社会排斥；"社区流动型"处于城市社会底层，面临经济贫困与社会排斥双重生存压力，处境最为艰难。融入政策的设计只有紧扣不同群体的基本特征，合理界定社会需求，依照适当的价值原则采取不同的融入策略，才能有效回应他们的政策诉求，循序渐进地推进乡－城移民城市融入这一重大的社会转型工程。

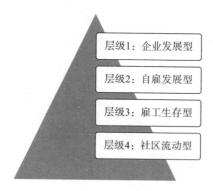

图 2－1 乡－城移民层级分化结构模型

六 四大层级移民群体的社会特征及融入路径

（一）"企业发展型"：政策融入

"企业发展型"移民是引导移民群体融入城市的先锋力量，也是释放内需的潜在中产阶层和重要的纳税人。（1）"企业发展型"移民群体大多是拥有较好人力资本、经济资本和社会资本的中青年精英移民群体。例如，本次调研涉及来自偏远山区、拥有较好文化资本的云南民族村的少数民族职员；从数万"打工妹/仔"中脱颖而出的东莞裕元鞋业集团的高级技工；从"派遣工"转为"正式工"的昆铝、昆钢的技术骨干；具有较好社会资本和人力资本优势的云南白药的部门经理等。（2）政策设计应依照公平与贡献的价值原则，构建以城市"五险一金"社会政策为核心的融入政策体系，落实基本社会福利权利，并提供纳税人享有的基本公共服务。（3）融入策略与目标：充分发挥企业组织化优势，建立制度化参与途径，加强企业党组织、职工代表大会、工会的建设，增加"企业发展型"移民的参与机会。同时，通过职业生涯规划，形成基于就业技能与竞争力的职业提升渠道。

（二）"自雇发展型"：社区融入

经济融入较好、社会融入滞后的"自雇发展型"移民，正以非制度化方式突破融入体制障碍，解构僵化的城乡二元社会政策管理体制。（1）这个群体由率先富裕起来的私营业主、个体工商户这些"老板"构成。他们大多举家迁移，在城市自购住房、置业并定居城市。本次调研中的螺蛳湾商贸集团的浙商、闽商，举家在昆明创业、经营零售批发商业多年，除了没有本地户籍之外，他们的生活方式已经融入市民符号，甚至能讲昆明本地方言。尽管这些"老板"们在经济上已经获得成功，但他们却不能按照常规的地位获得模式去争取向上社会流动的机会，[1] 更不能公平获得户籍限制下的子女就近入托/入学等相关城市公共资源。一些家长只有靠"走后门、托关系"非正式规则来争取公共教育资源。非制度化消极互动制造权钱交易的市场空间，不仅损害公共行政的公信力，也有悖于社会公平。（2）政策设计的原则与核心与"企业发展型"基本一致，但政策传递方式则有所不同。承接融入政策的主要平台是"自雇发展型"移民的居住社区。发展移民社区融入，构建移民社区支持网络与社会资本，提供专业化社区社工服务。吸纳

---

[1] 李春岭：《流动人口地位获得的非制度途径——流动劳动力与非流动劳动力之比较》，《社会学研究》2006 年第 5 期。

社区移民积极参与社区居民委员会、社区党委等社区组织，搭建移民社区参与平台。

（三）"雇工生存型"：组织融入

亟待改革滞后的"劳务派遣"用工政策，有效回应以企业底层蓝领工人为代表的"雇工生存型"移民的融入需求。（1）政策滞后及其引发的私有部门的逐利行为限制了"雇工生存型"移民的社会融入。始于劳动力小规模转移初期的"劳务派遣"用工办法，已经失去应有的效能，可谓是"捉襟见肘"，甚至成为私有部门损害移民权益、推卸管理责任的幌子。（2）政策设计要兼顾效率与公平，取消"劳务派遣"的用工方式，依照劳动法和合同法设立统一的社会保险政策与服务体系。同时，要积极强化并规范社会组织"促进就业"与"依法维护劳动权利"的社会功能。[①]（3）融入目标：实施职业技能提升计划，提升蓝领工人的就业技能与就业质量，提升他们的社会地位与融入水平，引导规模庞大的"雇工生存型"移民成为工人阶级的中坚力量，并推动他们向层级1、层级2精英移民发展，畅通农民工-工人阶级-中产阶层向上流动的渠道，这对社会转型与经济结构转型有着重大而深远的意义。

（四）"社区流动型"：分流安置

处于城市社会底层的"社区流动型"移民群体的融入关乎社会和谐与稳定，亟待推进这一贫弱群体的能力建设，限制社会排斥，促进社区融入。（1）这些居无定所的移民及其家庭的流动将农村贫困转移到了城市。例如，昆明福德村社区集聚的数万名农民工，他们带多个未成年子女举家移居城市，带

---

① 刘红春：《论社会组织促进平等就业的法律角色》，《思想战线》2017年第1期。

来就业生计、子女入学入托、社区环境及公共卫生等问题，甚至形成脏、乱、差的"贫民村"。(2) 政策价值：依据社会关照和社会保护原则，从中央政府层面加强管理与资金统筹，减轻跨省、跨地区的贫弱农民工给当地城市管理带来的负担。(3) 对"社区流动型"移民进行系统评估管理，采取"社区融入策略"与"返乡安置策略"两种路径。社区融入策略：依托专业化社区社会工作服务机构，为社区流动移民提供可及的、普惠的、可持续的基本公共服务。特别是要大力提升"社区流动型"移民的就业能力，开发以社区照顾及相关家庭服务业为主的就业岗位，增加就业机会，带动他们向"自雇发展型""雇工生存型"转变。例如，云南省携手困难群体创业服务中心开展"综合能力发展"课堂、"彩云妈妈缝纫合作社"生计项目、流动青少年职业生涯规划项目等，促进移民家庭的资本建设和能力建设。对于向往且适宜农村生活的移民可采取"返乡安置策略"，结合中央精准扶贫政策，鼓励他们返回家乡，为返乡移民提供创业支持和农业技能培训，将其培养成新型职业农民。

七　乡－城移民城市融入的根本途径

融入规律下的倒逼机制必然催生"赋权式融入"[①]，"赋权式融入"是畅通"层级流动"与"城乡流动"、推动我国乡－城移民融入城市社会的根本途径。赋权（Empowerment）旨在帮助无权个体获得与他们生活相关的决策权利，降低他们面临

---

① 刘建娥：《企业农民工赋权式融入的困境、内涵及对策研究——基于八家大型企业的高端访谈与深度调研》，《中国社会工作研究》2014 年 7 月，第105～124 页。

的权能障碍，提升他们争取个人和家庭福利权利的能力和增加机会，以增进福祉与社会正义。① 农民工市民化的关键在于赋权和增利，使农民与市民享受相同的基本公共服务。② 通过"赋权"以实现"增利"，只有在城市享有平等政治参与权，开辟他们从权利边缘进入城市政治决策议程的渠道，才能最终实现社会福利权，获得参与公共福利资源平等分配的机会。正如马歇尔（Marshall）倡导的民事权利（civil rights）、政治权利（political rights）、社会权利（social rights）是完整的三大公民权缺一不可的要素。③ 从"企业发展型"的技术管理骨干到"自雇发展型"的私营业主所构成的精英移民群体正在崛起，新型的雇佣工人阶级群体日益壮大，经济融入必然催生政治融入和社会融入。④ 精英移民群体大多举家迁移并长期定居城市，社会诉求及参与意愿最为强烈。他们引领的融入趋势已经倒逼社会福利服务政策体系及政治参与制度的改革。亟待开辟制度化的政治参与途径，扩大移民群体的参与机会，提升其社会地位，促进各层级移民群体的"赋权式融入"。

---

① Payne Malcolm, *Modern Social Work Theory*, *the Third Edition*, Palgrave Macmillan, 2005, p. 259.

② 许经勇：《户籍制度改革重在赋权和增利》，参见 http://opinion. people. com. cn/n/2013/0811/c1003 – 22518705. html，最后访问日期：2018 年 7 月 11 日。

③ Marshall T H. "Citizenship and Social Class," in T. H. Marshall and Tom Bottomore（eds.），*Citizenship and Social Class*, London：Pluto Press, 1992, pp. 8 – 18.

④ 刘建娥：《乡 – 城移民家庭融入趋势及政策研究框架——基于 2014 年国家卫计委流动人口动态监测数据》，《江苏社会科学》2015 年第 4 期，第 31 页。

第三章

转型社区居民的离愁别绪

——社会资本视角下生活满意度研究

本章将微观个体居民的主观体验置于宏观社区结构变迁中，基于昆明市转型社区家庭入户问卷调查数据，构建测量指标来评估社区生活满意度。采用多元线性回归模型，检视资本要素与社区生活满意度的内在影响机制。研究发现：社区资本对社区生活满意度有显著的正向影响；制度资本在利益权衡中徘徊前行，对社区生活满意度尚未呈现一致的正向影响。控制制度资本变量后，继续持有宅基地自建房的直系家庭，具备更好的人力资本和就业能力；拥有良好非正式支持网络及正式社区参与资源的居民，会有更高的社区生活满意度。研究提出重视发展以"系统化就业促进"、"社区资本建设"和"城乡福利制度融合"为核心的积极福利政策，提高转型社区居民应对急剧的社区变迁的适应能力，提升社区生活满意度和公共政策的效能。

一 城镇化进程中村落社区的终结与转型

伴随城市的扩张和发展，农村地区正在经历急剧的城市化，大量的土地被征用，村落随之消失。《2011 年中国民政统计年鉴》数据显示，我国村落的数量正在以惊人的速度逐年递减，村委会数量 10 年间（2001～2011 年）平均每年减少约 1.1 万个，平均每天减少约 30 个。西方主导的现代化已将城市化作为当代最主要的福利指标和社会经济发展途径。[①]村落社区的终结与转型，不仅表现在空间规模的空前扩大，而且表现在时间维度的高度压缩。在我们调研的城区，因城市交通规划建设的需要，仅用 50 天就完成了近 500 年历史村落的搬迁。在拆村建居、并村建居的城镇化过程中，村民以集中居住方式就近安置到城镇回迁房社区，原村民身份变更为居民身份，村委会改设为居委会。本研究将这类位于城乡结合地带，以原村民为主体逐步融入城市新居民的新型社区形态界定为"村改居转型社区"，简称"转型社区"。转型社区居民尽管在程序上获得了城镇"居民"身份，但多数人的自我认同及社会认同仍是"农民"，政府有关文件习惯将其界定为"被征地人员"，研究文献多采用"失地农民"概念。本章旨在揭示政府和市场主导下急剧的社区转型对居民生活带来的冲击和影响，探究边缘化的转型社区居民对社会变迁的现实"体验"[②]，基于证据为本的研究范式，对转型社区居民生活满意度及社会发展进程进行科学评估，为失地农民及其家庭的社会融合与政策设计提供理论思考。

---

① M. Soleimani., S. Tavallaei., H. Mansuorian., Z. Barati. "The Assessment of Quality of Life in Transitional Neighborhoods," *Social Indicator Research* 3(2014), pp. 1590–1591.

② 周晓虹:《转型时代的社会心态与中国体验》,《社会学研究》2014 年第 4 期, 第 1～23 页。

二　幸福感与生活满意度

（一）定义和基本研究问题

近年来幸福感（subjective well - being）研究在社会学、社会心理学及管理学界备受关注。学者主要以生活满意度（life satisfaction）、生活质量（quality of life）和抑郁水平（depression level）三个主要维度来测量评估人们的幸福度、安全感及成就感。[①] 幸福感既是个体对客观状态的事实判断，也是对生活意义的价值判断。[②] "生活满意度"是个人基于已有价值和判断对生活质量的评价。这种评价不仅是感知幸福与痛苦的心理能力，也涉及理性和判断的能力，而且个人对同一环境的反应会基于特定的期待、价值和先前经验。[③] 生活满意度不只用于评估生活质量所带来的情感体验和自我认同，也常用于评估整体的社区生活，评价指标涉及人口因素、经济因素和社会资本因素。[④]

"与谁比""比什么"是满意度及幸福感研究的两个基本核心问题。"与他人比"的横向维度，基于相对效用形成参照群体

---

① Diener, E. , Emmos, R. , Larsen, R. , & Griffin, S. "The Satisfaction with Life Scale," *Journal of Personality Assessment*, Vol. 49, No. 1, 1985, pp. 71 - 75.

② 洪岩璧：《再分配与幸福感阶层差异变迁（2005 ~ 2013）》，《社会》2017 年第 37 期，第 106 ~ 312 页。

③ Diener, E. "Subjective well - being," *Psychological Bulletin*, 1984. pp. 542 - 575. Diener E, Oishi S, Lucas RE. "Personality, Culture and Subjective Well - being: Emotional and Cognitive Evaluations of Life," *Annual Review of Psychology*, Vol. 54. No. 1. 2003, pp. 403 - 425.

④ Hamama, L. , & Arazi, Y. " Aggressive Behavior in at - risk Children: Contribution of Subjective Well - being and Family Cohesion," *Child & Family Social Work*, Vol. 17, No. 3, 2012. p. 284 - 295; Ying Liang & Peigang Wang. " Influence of Prudential Value on the Subjective Well - Being of Chinese Urban-Rural Residents," *Social Indicator Research*, Vol. 118, No. 3, 2014. pp. 1 - 19.

幸福感的研究取向。梁莹等通过与城市居民的横向比较来研究失地农民的幸福感，认为他们并没有获得和城市居民同样的社会权利，自我认同仍然是"农民"，不合理的土地补偿政策、不完善的社会保障体系（而不是城乡户口）带来消极情绪，生活满意度较低。[①] 吴菲等从多重参照群体的横向比较来研究农民工的生活满意度。[②] "与自我比"的纵向维度构成幸福感研究的重要视角。个人往往不仅和他人比较，也会把当下与过去进行比较，从而影响其态度和幸福感。[③] 艾米特等从移民前和移民后的纵向维度，研究来自北美的以色列移民的生活满意度，发现生活满意度受社会网络、定居意愿、工作获得、社区归属影响。[④] 李培林、李炜利用"中国社会状况综合调查"数据研究农民工的社会态度，指出遵循自身在农村纵向比较的历史决定逻辑，尽管经济社会地位较低，但农民工大多有着积极的社会态度；但2008年的数据则表明农民工的经济状况有所改善，但就业与生活压力增大，社会安全感、公平感、满意度和未来预期都有所下降。[⑤] 一些学者支持"伊斯特林悖论"，以"U形态势"对中国民众当前幸福感做出基本研判，认为改革推动经济迅猛发展，人民生活得到普遍改善，但社会不平等加剧，

---

① Y. Liang & D. Zhu. "Subjective Well – Being of Chinese Landless Peasants in Relatively Developed Regions: Measurement Using PANAS and SWLS," *Social Indicator Research*, Vol. 123, No. 3, 2015. pp. 817 – 835.

② 吴菲、王俊秀：《相对收入与主观幸福感：检验农民工的多重参照群体》，《社会》2017年第2期，第74～105页。

③ 怀默霆（K. Whyte）：《中国民众如何看待当前的社会不平等》，《中国社会科学报》2009年第1期，第96～120页。

④ K. Amit, & I. Riss "The Subjective Well – being of Immigrants: Pre – and Post – migration," *Social Indicator Research*, Vol. 119, No. 1, 2014. pp. 247 – 264.

⑤ 李培林、李炜：《农民工在中国社会转型中的经济地位和社会态度》，《社会学研究》2007年第3期，第1页；李培林、李炜：《近年来农民工的经济状况和社会态度》，《中国社会科学》2010年第1期，第119页。

收入差距扩大，所以，幸福感并没有与经济增长同步提升，甚至有所下降，直到 2005 年满意度才开始回升。[1]

（二）社区生活满意度

幸福感较适合用于研究生活质量稳步提高的城市居民，而转型社区失地农民面临边缘化的社会挑战，生活处境令人担忧，所以我们以"社区"为研究场域，采用"社区生活满意度"概念来研究急剧的社区变迁给居民带来的生活冲击和心理体验，了解转型社区居民的心态与诉求、认知与情绪、困窘与茫然。"社区生活满意度"是个体或家庭对社区生活状况及其变迁的主观体验与评价，涉及居民对社区居住环境、社区基础设施、社区管理及邻里关系等关键维度的主观评价。本章通过构建 6 项基本变量及其相应的测量指标，通过李克特五分量表（Likert scale）测量转型社区居民的社区生活满意度（详见下文数据分析部分）。[2] 已有研究重视宏观结构经验，而对微观个体体验的研究不足，特别是过渡型、边缘化的转型社区居民（失地农民）体验的研究几乎没有。

（三）社会资本理论

学界从社会资本理论视角研究社会变迁与人口流动，审视

---

[1] Wu Xiao gang and Jun Li. 2013. "Economic Growth, Income Inequality and Subjective Well - being: Evidence from China," *PSC Research Report*, 2017. pp. 13 - 796; H. Brockmann, J. Delhey, C. Welzel, H. Yuan. "The China Puzzle: Falling Happiness in a Risi Economy," *Journal of Happiness Studies*, Vol. 10, No. 4, 2009. pp. 387 - 405; Richard A. Easterlin, Robson Morgan, Malgorzata Switek and Fei Wang. "China's Life Satisfaction, 1990 - 2010," *Proceedings of the National Academy Science*, Vol. 109, No. 25, 2012, pp. 9775 - 9780.

[2] 以 1972 年以来美国综合社会调查（General Social Survey）中使用的三分法的问题为例："总的来说，你觉得你的生活如何？是很幸福，还可以，还是不幸福呢？"四分法、五分法和十分序列法也先后用于其他调查，如世界价值观调查、世界幸福感数据库、盖洛普调查（Gallup poll）等。

社会要素和社会情境，并不断构建完善社会资本经验研究评估指标体系，拓展传统社会资本理论研究视阈，给予社会资本理论历久弥新的生命力。

1. 社会资本的界定及理论研究

社会资本是指基于社会关系而产生的内在的社会资源，进而形成不同的社会结果[①]，主要包含网络、互惠、信任、社会规范、社会行动要素，其实质是指行动主体从社会网络与关系互动中获取资源的能力。社会资本概念能够弥补社会中的"结构缺陷"（bridging structural holes），实现个人行动与个体所处社会环境的链接。[②] 社会资本理论研究涉及概念界定、分类及转化等基本问题。布迪厄认为资本既是场域竞争的目标，也是场域竞争的手段，他将资本分为经济资本、社会资本、文化资本三种类型。特纳根据布迪厄的解释对三种资本做出简明的定义：经济资本是指可以用来获得商品与服务的物质性财富；社会（关系）资本指在群体或社会网络中的位置与联系；文化资本是指人际交往、习惯与态度、教育素质及生活方式。[③] 克瑞斯等学者将特纳定义的"社会（关系）资本"进一步发展为"亲缘资本"（Bonding social capital）、"桥梁资本"（Bridging social capital）、"垂直资本"（Vertical social capital）和"链接资本"（Linking social capital）。[④] "亲缘资本"是指家庭成员、

---

① Parcel, T. L. , & Menaghan, E. G. "Family Social Capital and Children's Behavior Problems," *Social Psychology Quarterly*, Vol. 56, No. 2, 1993, pp. 120 – 135.

② Burt, R. Structural Holes. *The Social Structure of Competition*. Cambridge：Harvard University Press MA. 1992. Furstenberg, F. F. , & Hughes, M. E. "Social Capital and Successful Development among at – risk Youth," *Journal of Marriage and the Family* . Vol. 57, No. 3, 1995. p. 582.

③ 乔纳森·特纳：《社会学理论的结构》，邱泽奇、张茂元等译，华夏出版社，2001，第 192 页。

④ Chris Ling and Ann Dale. "Agency and Social Capital：Characteristics and Dynamics," *Community Development Journal*, Vol. 49, No. 1, 2014. p. 6.

亲密的朋友和邻里所形成的紧密网络。"链接资本"、"垂直资本"与正式的制度资源和资讯能力相关联，涉及影响政治决策和经济资源的社区参与。"桥梁资本"存在于群体成员中的弱关系网络。要从"社区内融入"到"跨社区融入"，横向发展"桥梁资本"和"链接资本"；推进"决策融入"，纵向发展"垂直资本"，从广度到深度构建社会资本。[①]

基于上述理论研究的启发，结合转型社区的社会特质，本章将资本界定为三种基本类型："经济资本"、"社会资本"和"人力资本"。（1）经济资本：是与物质性财富及就业相关的经济收入，通过家庭收入与支出、就业人数、住房面积及类型指标来测量。（2）社会资本：由"社区资本"和"制度资本"构成。①社区资本是指与亲友和邻里互动所形成的紧密网络，及参与与自身利益息息相关的决策议程，享有社区服务资讯及资源。由亲友探访、亲友帮助、自己对亲友的帮助、社区参与、社区服务指标来量化。②制度资本是与正式制度相关联的能力及享有的制度资源，通过城镇居民基本医疗保险、城镇居民基本养老保险、新农合、新农保4项城乡基本福利制度的参与率来测评。（3）人力资本：是与受教育水平和就业技能水平相关的资本要素。

2. 社会资本理论的应用性研究

应用性研究主要涉及社会资本对心理健康、收入水平、社会融入的影响。（1）有学者研究指出，较高的社区社会资本与低水平的青少年抑郁有显著关系，安全和友好的社区能给予青少年更多健康成长的感情和价值资源。但是，较高的家庭经

---

① 刘建娥：《乡－城移民社会融入的实践策略研究》，《社会》2010第1期，第144～146页。

济资本会提高青少年抑郁程度。[1]（2）也有学者强调社会资本对农民工的生活水平、经济收入、政治融入的影响。农业转移人口迁入城市后的生活水平取决于权利资本、社会资本和人力资本[2]；社会资本加剧了农民工与城市职工的收入差距，形成了维持和固化社会不平等的微观机制[3]，特别是"工具性社会资本"对农民工收入水平的影响更为显著；在经济发展相对落后的中西部地区，社会资本与市场化程度呈相反的运动方向[4]。社区社会资本、人力资本对农民工的政治融入有显著的正向影响，而经济资本几乎没有影响。[5] 这些研究为本章提供了重要的理论参照，但已有研究更多强调横向参照群体的比较，而忽略了对纵向维度的考量；重视社会资本对物质收入的影响，对精神层面微观体验的研究不足。

（四）研究假设

在对已有研究和理论梳理的基础上，结合研究实际提出如下研究假设。本次调研数据来自 2015 年，时限处于上述关于中国幸福感研判"U 形态势"（以 2005 年为分界点）的右半

---

[1] Qiaobing Wu, et al. "Understanding the Effect of Social Capital on the Depression of Urban Chinese Adolescents: An Integrative Framework," *American Journal of Community Psychology*, Vol. 45, No. 1, 2010, pp. 1 – 16; Qiaobing Wu, Bill Tsang, and Holly Ming. "Social Capital, Family Support, Resilience and Educational Outcomes of Chinese Migrant Children," *British Journal of Social Work*, Vol. 44, No. 3, 2014, pp. 636 – 656.

[2] 李国平、孙铁山、刘浩：《新型城镇化发展中农村转移人口市民化相关研究及其展望》，《人口与发展》2016 年第 3 期，第 73 页。

[3] 程诚、边燕杰：《社会资本与不平等的再生产——以农民工与城市职工的收入差距为例》，《社会》2014 年第 4 期，第 67～90 页。

[4] 武岩、胡必亮：《社会资本与中国农民工收入差距》，《中国人口科学》2014 年第 6 期，第 50 页。

[5] 刘建娥：《从农村参与走向城市参与：农民工政治融入实证研究》，《人口与发展》2014 年第 1 期，第 1～80 页；刘建娥：《青年农民工政治融入的影响因素及对策分析——基于 2084 份样本的问卷调查数》，《青年研究》2014 年第 3 期，第 11～18 页。

区域，所以，我们形成 H1 竞争性假设。

H1a：经济资本对社区生活满意度有正向影响，转型社区居民的经济资本越多，社区生活满意度水平就越高。

H1b：经济资本的发展对社区生活满意度并没有显著的影响。

我们将社会资本界定为社区资本和制度资本两个基本类型，得出 H2 补充性假设。

H2a：社区资本对社区生活满意度有正向影响，社区资本越多，社区生活满意度水平越高。

H2b：制度资本对社区生活满意度有正向影响，制度资本越多，社区生活满意度水平越高。

最后，基于经验常识和已有研究，设定 H3 验证性假设。

H3：人力资本对社区生活满意度有正向影响，人力资本越多，社区生活度满意度水平越高。

三 转型社区生活满意度数据与测量

（一）昆明市转型社区问卷调查数据

呈贡新区和官渡区是昆明市 6 大市辖区[①]中城市化进程最快、涉及范围最广的两大城区，截至 2015，共有"村改居"转型社区 82 个（呈贡新区 29 个、官渡区 53 个）。因概率抽样所获样本入户调研的拒访率高[②]，所以，本研究采用"就近法""偶遇法"非概率抽样方法选取样本。课题组于

---

① 昆明市共有 6 个市辖区，包括呈贡新区（市政府及大学城）、官渡区、五华区、盘龙区、西山区、东川区。

② 艾尔·巴比：《社会研究方法基础》，邱泽奇译，华夏出版社，2002，163 ~ 165 页。

2015 年 5~7 月开展调查，调查员利用周末、节假日等居民闲暇时段，由社区干部引介到社区进行调查。本研究选取 8 个转型社区作为调研对象，按配额比例每个社区计划发放 125 份问卷，共发放 1000 份问卷，回收有效问卷 876 份。问卷通过问答式填答。调研社区如下：呈贡新区的七步场、前卫营、中庄、吴家营，官渡区的季官、宏仁、云溪、官渡社区。这些社区代表着不同经济社会发展水平的转型社区，其中，七步场、季官社区的集体经济发展较好，已成为转型社区建设的示范型社区；吴家营、中庄等社区处于建设发展阶段。

研究采用 SPSS 软件进行数据处理与统计分析。调查对象主要是已婚中青年，年龄均值为 48 岁，以女性偏多。（1）从业类型以服务业为主，包括商业服务业和社会服务业；无固定职业的占三成多。（2）户口性质：当地村民大部分从农村户口转为城市户口，农转居户口约占六成，农业户口化主要是在农转居社区租房的外来流动人口，约占三成。（3）转型社区居民的受教育水平高于边远农村社区的农民和农民工，约八成被访对象的受教育水平达到初等教育及以上。（4）健康状况良好，"较好"和"一般"的约占九成。（5）约六成的居民已入住新的回迁房社区，继续住原社区的约占三成（见表 3-1）。

表 3-1 转型社区居民的基本情况

单位：人，%

自变量		频数	百分比
年龄	青年：30 岁以下	174	20.4
	中青年：31~50 岁	300	35.2
	中老年：51 岁以上	378	44.4

续表

自变量		频数	百分比
性别	女	529	62.1
	男	323	37.9
婚姻	未婚	121	14.2
	已婚	731	85.8
职业类型	制造、建筑业技术工人	39	4.6
	商业服务业	96	11.3
	社会服务业	111	13.0
	无固定职业	288	33.8
	其他	318	37.3
户口性质	农业户口	304	35.7
	城市户口	548	64.3
教育水平	未上过学	121	14.2
	初等教育：小学、初中	557	65.4
	中等教育：高中、职中	112	13.1
	高等教育：大专及以上	62	7.3
健康状况	较差	86	10.1
	一般	184	21.6
	较好	582	68.3
居住状况	搬迁新社区	565	66.3
	住原社区	287	33.7

注：系统缺省值为24，本表测量指标统计值总人数为852人。因存在系统缺省，所以测量指标统计值与样本数（876）有出入，例如，年龄段测量指标统计值为852，系统缺省值为24。

（二）社区生活满意度指标设计及测量结果

本研究选取与社区生活相关的6个变量，并设计相应的测量指标，如表3-2所示，综合评估转型社区居民的社区生活满意度。其中，社区设施得分最高，社区管理得分最低（见表3-2）。转型社区居民日渐远离鸟语花香的自然村落，走进喧嚣的城市；社区教育、医疗及生活设施比拆迁前有较大改善，但社区民主管理和社区服务发展滞后，优质社会资源的获得依然受限于制度的排他性。经济补偿和硬件建设给居民带来各种实惠和利好，但从长远看，急剧的社区转型潜存的消极影响不容忽视，可持续性生计路径充满不确定性。

（1）居住条件：过半数的居民认为居住条件（房屋建筑质量、居住舒适感、房屋采光和通风）比拆迁前农村社区好。（2）社区环境：六成多的居民认为社区环境（绿化管理、社区卫生、排污管道、路灯照明）比拆迁前农村社区好；近四成的居民认为噪声污染比拆迁前农村社区严重。（3）家庭经济：在城镇化推动经济迅速发展的背景下，依然有两成多的居民认为家庭收入、家庭资产比拆迁前差。约两成的居民认为工作环境及工作稳定性比拆迁前差。特别是有41.6%的居民认为生活支出状况比拆迁前农村社区差，生活成本增加，生计压力加大。（4）社区设施：六七成的居民认为转型社区的教育机构（中/小学校、幼儿园），健康卫生设施（医院、卫生所）及银行金融服务，通信、电话、网络、邮局等生活设施建设比拆迁前农村社区好。①教育设施缺乏可及性，优质教育资源的排他性限制了转型社区家庭子女的受教育机会。尽管学校比以前多了、好了，但村民教育需求的参照群体也变了，社区主任感慨："在我们土地上兴建大学城的附中、附小，却因一墙之隔，孩子们（多为父母外出租地的留守儿童）依然不能进入这些好学校。"① ②社区公共生活设施建设也不尽如人意。一成多的居民认为婚丧嫁娶的客堂建设比以前差。回迁房社区大多没

---

① 笔者在2017年的社区调研中访谈某位社区居委会主任获得的资料。

有沿袭农村传统风俗，配置婚丧嫁娶的公共客堂。集中居住后小区会所/安息堂的面积狭小，居民举办红白喜事"不方便""不习惯"，甚至出现婚宴与丧事冲撞的尴尬情况。[①]（5）社区管理：两成多的居民认为社区民主比拆迁前农村社区差，转型社区的社区参与和民主建设任重道远。（6）社区归属：一成多的居民认为目前的邻里关系、社区安全感、社区归属感比拆迁前农村社区差。急剧的社区转型不仅削弱了传统的固有的社区资本，也在消释构建社区资本的社会基础。

表 3 - 2　社区生活满意度变量、指标及频数统计

单位：人，%

变量	指标	比拆迁前农村社区好	比拆迁前农村社区差
居住条件	房屋建筑质量	472（53.9）	186（21.2）
	居住舒适感	482（55.0）	184（21.0）
	房屋采光通风	486（55.5）	149（17.0）
社区环境	噪声污染	347（39.6）	334（38.1）
	绿化管理	585（66.8）	94（10.7）
	社区卫生	573（65.4）	121（13.8）
	排污管道	545（62.2）	113（12.9）
	路灯照明	611（69.7）	72（8.2）
家庭经济	家庭收入	312（35.6）	234（26.7）
	生活支出	241（27.5）	364（41.6）
	家庭资产	299（34.1）	217（24.8）
	工作环境	246（28.1）	154（17.6）
	工作稳定性	201（22.9）	187（21.3）

---

①　王春光：《城市化中的"撤并村庄"与行政社会的实践逻辑》，《社会学研究》2013 年第 3 期，第 15～27 页。

续表

变量	指标	比拆迁前农村社区好	比拆迁前农村社区差
社区设施	教育机构（中/小学校、幼儿园）	562（64.2）	128（14.6）
	健康卫生设施（医院、卫生所）	622（71.0）	53（6.1）
	公共交通设施	683（77.9）	50（5.7）
	水、电、煤气供应	689（78.7）	67（7.6）
	购物（超市/农贸市场）	677（77.3）	26（3.0）
	婚丧嫁娶的客堂	439（50.1）	98（11.2）
	垃圾集中收集处理	621（70.9）	61（7.0）
	通信、电话、网络、邮局	630（71.9）	38（4.3）
	银行金融服务	647（73.9）	47（5.4）
	运动、休闲、娱乐设施	567（64.7）	143（16.3）
社区管理	社区选举	153（17.5）	209（23.9）
	社区民主	145（16.6）	227（25.9）
社区归属	邻里关系	454（51.8）	145（16.6）
	社区安全感	461（52.6）	158（18.0）
	社区归属感	394（45.0）	137（15.6）

社区生活满意度评价的最大值、最小值和均值如表 3 – 3 所示。

表 3 – 3　社区生活满意度评价

变量	最小值	最大值	均值
居住条件	3.00	15.00	10.69
社区环境	5.00	25.00	18.24
家庭经济	5.00	25.00	15.18
社区设施	12.00	50.00	39.17

变量	最小值	最大值	均值
社区管理	2.00	10.00	5.79
社区归属	3.00	15.00	10.37

（四）社区生活满意度

通过因子降维法（Principal Component Analysis）得出 6 个变量的因子负荷（见表 3 - 4）。并以因子负荷作为社区生活满意度各变量的权重，通过各变量加总得出居民社区生活满意度为 73 分。测评方法与结果如下：

$$K_{scl} = \sum Wi. Xi$$

$$= 0.717 \times 10.69 + 0.805 \times 18.24 + 0.693 \times 15.18 + 0.727 \times 39.17 +$$

$$0.655 \times 5.79 + 0.717 \times 10.37$$

$$= 72.572$$

$$\approx 73$$

表 3 - 4　社区生活满意度因子负荷矩阵（Component Matrixa）

变量	因子负荷
居住条件	0.717
社区环境	0.805
家庭经济	0.693
社区设施	0.727
社区管理	0.655
社区归属	0.717

总体而言，转型社区居民的社区生活满意度偏低，社区社会发展滞后。哪些因素会影响居民的社区生活满意度呢？我们采用多元线性回归模型，以经济资本、社区资本、制度资本及人力资本作为主要因变量，检验研究假设，进一步探讨转型社区居民资本因素与社区生活满意度的影响机制。

四 社区生活满意度回归模型分析

（一）人口自然特征与家庭结构因素

模型 1 检验人口自然特征与家庭结构对社区生活满意度的影响。如表 3 - 5 模型 1 所示：年龄、家庭结构变量对社区生活满意度有较显著的正向影响。年龄较长者的社区生活满意度更高。转型社区年青一代的生活期望较高，而教育、就业资源薄弱，社区变迁带给年青一代更多的机会与选择，但未来的不确定性加剧了年青一代的生存压力和转型焦虑。政策研究要更加关注转型社区青年人的体验、期待和社会诉求。

家庭结构变量以直系家庭为参照，统计表明直系家庭（主干家庭）比核心家庭及其他家庭的社区生活满意度更高。直系家庭是由父母同一个已婚子女（包括其配偶）及其未婚子女组成的家庭。核心家庭是由已婚夫妇及其未成年子女组成的家庭。（1）与《中国家庭发展报告 2015》发布的情况有所不同，转型社区的家庭结构是以传统型直系家庭为主，而全国的家庭结构是以核心家庭为主。① 调查数据显示，转型社区家庭常住人口总数均值为 3.8 人，大于核心家庭人口数，直系家庭占36.1%；核心家庭占 16.0%。（2）直系家庭的生活满意度更高，一方面，直系家庭具有较强的照顾功能，祖父母（外祖父母）承担照顾孙子女（外孙子女）的社会角色，一定程度上缓解了家庭照顾的压力；另一方面，也源于与父母辈同住的直系家庭能够拥有更多的传统农村社区的社会网络关系，比核心

---

① 《中国家庭发展报告 2015》数据显示：核心家庭占 64.3%，直系家庭仅占26.2%（参见国家卫生计生委家庭司编著《中国家庭发展报告 2015》，中国人口出版社，2015）。

家庭有更丰富的社区资本资源。

（二）经济资本与社区生活满意度

经济资本维度中的家庭就业人数、住房类型变量对社区生活满意度有较显著的正向影响；而家庭收入、家庭支出、住房面积变量则没有影响（见表 3 - 5 模型 2）。研究假设 H1a、H1b 均不能确切厘清经济资本与居民社区生活满意度的复杂关系。基于数据模型，进一步修正研究假设。

转型社区居民家庭就业不充分，家庭收入增长的动力和后劲不足，家庭消费乏力，生计压力较大。（1）家庭就业不充分：稳定就业人数越高，家庭经济收入才越有可持续性的保障，满意度就较好。统计表明，家庭成员中稳定就业人数比例偏低，家庭稳定就业人数均值为 1.62 人，家庭就业率为42.6%。[1] 家庭成员中"无稳定就业人员"的占 16.3%，有待对这些就业能力较差的弱势家庭提供就业支持。（2）家庭收支失衡：工资收入是家庭经济的主要来源，房租收入也构成家庭经济的重要来源。数据表明：转型社区居民家庭年均总收入为53722 元[2]，略高于农村家庭年均收入；年均总支出为 39542元，低于农村家庭年消费水平，远低于城镇家庭年消费总额。转型社区家庭年度收支结余额为 14180 元，高出农村家庭收支差额（2155 元）5.58 倍[3]，家庭收支不平衡[4]。回迁房集中居

---

[1] 家庭就业率 = 家庭稳定就业人数/常住人口数 = 1.62/3.8 ≈ 42.6%。

[2] 经济来源主要包括村集体经济分红、务工工资收入、生意经营收入及房租，征地补偿和拆迁补偿一般是一次性支付，不便于按年度进行统计。

[3] 全国农村家庭的年均收入为 49497 元，城镇家庭年均收入为 88683 元；全国农村家庭平均年消费总额为 47342 元，城镇家庭平均年消费总额为 72036 元（参见国家卫生计生委家庭司编著《中国家庭发展报告2015》，中国人口出版社，2015）。

[4] 国家卫生计生委家庭司编著《中国家庭发展报告2015》，中国人口出版社，2015，第 7 页。

住社区新增了物业费、水电费等日常生活开支，因此生活成本高于原农村社区。(3)"折叠式"居住模式降低了生活质量：以宅基地自建房为参照，宅基地自建房比回迁房的社区生活满意度更高。[1] 宅基地自建房占 21.3%，回迁房占 57.5%。住房面积变量对社区生活满意度没有影响。调研地呈贡新区实施"一户补两房"补偿安置政策[2]，居民的居住面积较大。统计表明，人均居住面积为 38 平方米。村民离开鸡犬相闻、鸟语花香的自然村落，被统一安置到高层密集的公寓式回迁房。无论是从居住环境、住房品质还是从心理适应来看，转型社区居民对乡村别墅般自建房和传统居住模式无疑是充满眷恋和向往的。

(三) 社会资本与社区生活满意度

1. 社区资本与社区生活满意度

社区资本变量的亲友探访、社区参与两项测量指标对社区生活满意度均有显著的正向影响（见表 3 - 5 模型 3），接受研究假设 H2a。(1)"亲友探访"对社区生活满意度有显著正向影响。但情感性非正式社会网络较为薄弱，数据显示亲友探访的均值为 2.64 分（赋值 0～5 分），亲友之间几乎没有互动往来的被访者有 139 人，占 15.9%。(2) 参与是社会融入的核心，融入与排斥主要取决于参与的程度[3]，只有重视发展居民正式与非正式的社区参与，才能构建社会支持网络，保障社

---

① 在调研的 8 个社区中，七步场社区及部分社区保留宅基地自建房，因土地被征用后规划成为转型社区。
② 呈贡新区管理委员会：《呈贡新区以房保障的指导意见》（呈新管发〔2009〕5 号）。
③ Burchadt, T. Le, Grand, J. and Piachaud, D. "Degrees of Exclusion: Developing a Dynamic, Multi - dimensional Measure," in J. Hills (eds.), *Understanding Social Policy*. Oxford: Oxford University Press, 2002, pp. 30 - 43.

区服务的提供是适切的、回应性的，才能为构建新型民主化的社区管理创造"理想的沟通情境"①，没有广泛、有效的社区参与，难以发展真正意义的社区民主，统计显示约两成的居民认为转型后社区民主比拆迁前的农村社区差。正如王春光调研指出了"村改居"的政治动机，有的社区居委会主任事实上是直接任命，选举只是形式，避免了村民直选的麻烦。② 社区参与是构建居民社会支持，发展社区资本的重要途径。

2. 制度资本与社区生活满意度

制度资本变量对社区生活满意度有复杂而关键的影响，修正研究假设 H2b。其中，城市五险中的城镇居民基本医疗保险制度有显著的正向影响，而城镇居民养老保险制度则是显著的负向影响。农村的新农保制度有较显著的正向影响（见表 3-5 模型 3）。总体而言医疗保险发展水平较好，而养老保险的状况令人担忧。（1）医疗保险。尽管自 2008 年呈贡新区、官渡区相继开始全面推行城镇居民基本医疗保险，但因经济发展水平和基层政策实践的差异，居民融入城市社会保险体系进程参差不齐。城镇居民医疗保险的参保率较高，参保人数为 479 人，占比 54.7%，得益于地方政府（民政部门等）推进城乡医疗保险一体化的政策努力。调研的 8 个社区中，季官、吴家营和七步场 3 个社区的城镇医疗保险的参保率基本过半，而宏仁、前卫营两个社区基本停留在农村的保险体系，新农合的参保率过半。2016 年整合城镇居民基本医疗保险（城镇居民医保）和新型农村合作医疗（新农合）两项制度，建立统一的城乡

---

① Jurgen Habermas. "Towards a Theory of Communicative Competence," *Inquiry*. Vol. 13, No. (1-4), 1970, pp. 360-375.

② 王春光：《城市化中的"撤并村庄"与行政社会的实践逻辑》，《社会学研究》2013 年第 3 期，第 15~27 页。

居民基本医疗保险（城乡居民医保）制度。①（2）养老保险。以 2014 年城乡居民养老保险制度设立为标志，在此之前，以"新农保＋失地农民补偿机制"为基本特征的转型社区居民养老政策，呈现过渡性、多样性、权宜性的实践逻辑。②2014 年国家基于城镇居民社会养老保险（城居保）和新型农村养老保险（新农保）的试点经验，将城居保和新农保两项制度合并实施，建立城乡居民养老保险政策，完成城乡一体化养老制度的顶层设计，并从中央层面提供财政支持，对中西部地区基础养老金标准由中央政府给予全额补助，个人统筹设置 100～2000 元 12 个缴费档次。③我们在城乡居民养老保险政策已推行 1 年的 2015 年实施调研，但被访居民中有 203 人（占比 23.2%）依然滞留在农村养老政策体系"新农保"的水平，地方社区的政策实施滞后于中央政策改革，社会建设步骤滞后于经济发展。制度资本不仅是影响社区生活满意度的重要指针，更关系到转型社区能否顺利融入城市管理体制。

---

① 《国务院关于整合城乡居民基本医疗保险制度的意见》，（国发〔2016〕3 号）。

② 呈贡新区 2004 年明确规定：土地征用补偿费的 40% 用于解决失地农民的生活保障问题；10% 用于发展集体经济和公益事业；按"一户两房"的原则安置失地农民。2005 年呈贡新区作为被征地人员养老保险试点地，推行养老统筹办法：按当地城镇居民最低生活保障标准，一次性缴纳 15 年的养老统筹费，政府补助 30%，个人和集体承担 70%；2009 年县财政支持对参保的失地农民增补 2000 元/人。2009 年呈贡新区制定了"以房保障"的指导意见，进一步提高经济补偿标准：一是人均给予建房面积 80 平方米的指标；二是人均给予建筑面积 15 平方米的经营性用房指标；三是农村独生子女给予增加建筑面积 40 平方米的住房指标〔参见《呈贡县人民政府关于解决失地农民基本保障的试行办法》（呈政发〔2004〕32 号）、《呈贡新城规划区内被征地人员养老统筹办法试行通知》（呈政发〔2005〕41 号）、《呈贡新区以房保障的指导意见》（呈新管发〔2009〕5 号）〕。

③ 《国务院关于建立统一的城乡居民基本养老保险制度的意见》（国发〔2014〕8 号）。

（四）人力资本与社区生活满意度

表 3-5 模型 4 检验人力资本与社区生活满意度的关系。控制制度资本的 4 个测量指标后[①]，引入人力资本变量的受教育水平和工作技能水平两项指标，结果表明受教育水平和工作技能水平对社区生活满意度均有正向影响，验证了研究假设 H3。人力资本越好，就业竞争力就越强，社区生活满意度也会较高。但调查数据表明，转型社区居民的人力资本薄弱，缺乏就业技能和就业竞争力。无职业技能的居民约占被访人数的七成（71.7%），大多从事非技能性的低水平服务业工作，特别是中青年工作技能水平较低。"工作技能水平与年龄结构"交互分类统计数据显示："无职业资格认证，也无专业技能"的"30 岁以下青年"占 10.1%；41～60 岁的"无职业资格认证，也无专业技能"的占 38.0%。"年龄结构与就业情况"的交互分类统计结果表明中青年就业率不高，数据显示，"41～60 岁""无工作"的居民占 29.3%，"30 岁及以下青年""无工作"的占 7.0%。所以，要采取发展型策略，从依靠单一经济补偿转向人力资本的投入，特别是要关注 30 岁及以下的无工作技能的待业青年，增加提升中青年就业技能的职业培训。

五 结论与讨论："转型焦虑"及政策应对

转型社区经济迅速"增长"与社会资本急剧"削弱"并行，经济发展与社会发展失衡。基础设施建设改进了社区物理

---

① 因制度资本变量统计中缺失值较多，所以，引入人力资本变量模型时控制了制度资本的 4 个变量。

表 3 - 5 社区生活满意度线性回归分析模型

自变量	模型 1		模型 2		模型 3		模型 4	
	未标准化系数 B	标准化 β	未标准化系数 B	标准化 β	未标准化系数 B	标准化 β	未标准化系数 B	标准化 β
截距	98.347	*** (3.116)	94.121	*** (3.609)	52.818	*** (8.018)		-4.014*** (0.556)
人口特征及家庭结构								
年龄	0.119	110** (0.040)	0.099	0.093* (0.046)	0.156	0.148*** (0.043)	0.069	0.065 (044)
性别 a	0.163	0.004 (1.277)	-0.629	-0.017 (1.422)	-0.807	-0.021 (1.286)	0.087	0.002 (2.063)
健康 b	-0.593	-0.010 (2.118)	2.023	0.035 (2.282)	2.708	0.047 (2.049)	3.297	0.057 (1.901)
婚姻 c	1.132	0.021 (1.845)	0.055	0.001 (2.089)	-0.285	-0.005 (1.884)	-0.311	-0.006 (1.875)
家庭结构 d	4.809	0.127** (1.813)	1.320	0.035 (2.062)	-1.200	-0.032 (1.869)	-0.803	-0.021 (0.677)
家庭常住人口数	0.473	0.040 (0.584)	0.460	0.039 (0.745)	1.238	0.104 (0.680)	1.207	0.101 (0.000)

续表

自变量	模型 1 未标准化系数 B	模型 1 标准化 β	模型 2 未标准化系数 B	模型 2 标准化 β	模型 3 未标准化系数 B	模型 3 标准化 β	模型 4 未标准化系数 B	模型 4 标准化 β
经济资本								
家庭收入			0.000	0.075 (0.000)	0.000	0.076* (0.000)	0.000	0.079* (0.000)
家庭支出			0.000	0.010 (0.000)	0.000	-0.044 (0.000)	0.000	-0.051 (0.781)
家庭稳定就业人数			2.160	0.126** (0.853)	1.311	0.076 (0.799)	1.299	0.076 (0.007)
住房面积			0.009	0.049 (0.008)	0.004	0.023 (0.007)	0.008	0.043 (1.794)
住房类型 e			4.740	0.107** (1.970)	4.840	0.109** (1.797)	4.285	0.097** (0.611)
社区资本								
亲友探访					2.254	0.140*** (0.611)	2.019	0.126*** (0.252)
亲友帮助					0.329	0.052 (0.249)	0.385	0.061 (0.002)
我对亲友的帮助					0	0.002 (0.002)	0.000	0.005 (0.000)

续表

自变量	模型 1		模型 2		模型 3		模型 4	
	未标准化系数 B	标准化 β	未标准化系数 B	标准化 β	未标准化系数 B	标准化 β	未标准化系数 B	标准化 β
社区参与					1.576	0.289*** (0.203)	1.851	0.339*** (0.200)
社区服务					0.211	0.048 (0.159)	0.313	0.071* (0.159)
制度资本								
医疗参保 f					20.531	0.110*** (6.344)		
养老参保					-9.852	-0.187*** (2.339)		
新农合参保					-4.579	-0.044 (4.660)		
新农保参保					8.780	0.153** (3.030)		
人力资本								
受教育水平 g							5.644	0.111** (1.858)

续表

自变量	模型 1 未标准化系数 B	模型 1 标准化 β	模型 2 未标准化系数 B	模型 2 标准化 β	模型 3 未标准化系数 B	模型 3 标准化 β	模型 4 未标准化系数 B	模型 4 标准化 β
工作技能水平 h							4.623	0.082* (1.964)
R^2		0.034		0.071		0.265		0.252
F		5.065		4.699		12.094		12.619
Sig		0.000		0.000		0.000		0.000

* $P < 0.05$, ** $P < 0.01$, *** $P < 0.001$。

注：1. 定类变量的参照组：

a 以男性为参照；b 以健康状况较差为参照；c 以未婚为参照；d 以直系家庭为参照；e 以宅基地自建房为参照；f 医疗、养老、新农合、新农保变量均以参保为参照；g 以未上过学为参照；h 以"无职业资格证，也无工作技能"为参照。

2. 括号内为标准误。

性生活，但社区资本建设、制度建设及能力开发却备受冷落。社区转型过程中重视建房、修路硬件基础设施的投入，但与城镇化相匹配的制度安排滞后，居民户口身份与农民福利待遇不相契合，居民身份转化因缺乏实质性市民要素的内涵显得"有名无实"。这些因素加剧了转型社区居民的生存焦虑和适应焦虑，数据表明，转型社区居民生活满意度偏低，尽管教育、医疗、交通等方面的社区生活基础设施有较大的改善，但社区民主管理、社区参与等指标评价并不乐观。回归分析进一步发现稳定就业、人力资本、社区资本对社区生活满意度有显著的正向影响，而基层政策实践与顶层制度设计有较大的差距，城乡一体化的医疗、养老保险制度对社区生活满意度没有呈现应有的积极影响。居民往往将生活环境与谋生方式的急剧改变带来的困境与焦虑全部归咎于政府，对政府有着无限诉求，政府面临承担无限的责任。无论是对当地政府还是居民来说，转型社区面临的诸多矛盾与问题，可谓是"剪不断，理还乱"。近年来社会上弥散的"中产焦虑"备受学界和政府的关注①，如何应对和化解失地农民这一边缘群体的"转型焦虑"，是新型城镇化社会政策设计必须面对的挑战。南唐李煜的词"无言独上西楼，月如钩。寂寞梧桐深院锁清秋。剪不断，理还乱，是离愁。别是一般滋味在心头"，正是急剧的社区转型与生活变迁的生动写照。

（一）经济资本外强中干、"愁生计"：人力资本薄弱，家庭消费乏力

短期内经济收入可以依靠租房和征地拆迁补偿，但从长远看，经济资本增长的动力和后劲不足。如何促进家庭稳定就

---

① 仇立平：《城市新移民的"中产焦虑"》，《人民论坛》2014 年第 15 期，第 64 ~ 65 页；钱民辉、扈秀海：《社会热点面对面》，人民日报出版社，2016。

业，增加家庭收入，开源节流，带动家庭消费，是增加转型社区居民经济资本的关键。社区居民就业技能缺乏，就业不充分，特别是社区青年人失业待业问题不容忽视。尽管转型社区居民工作技能偏低，但基础教育较好，具备较大的职业技能提升潜力和就业发展空间。积极社会福利政策设计以创造能动的、生活机遇的平等为原则，将教育和先行的收入补贴结合起来，充分升级人力资本，提升公民及社区的自立能力。[1]

尽管经济增长是促进中国居民幸福体验的重要因素[2]，但社会优化与社会失衡之间的张力导致人们在享受社会进步的同时，也必须直面转型带来的代价与痛苦[3]，回应伊斯特林"幸福悖论"的基本观点。在经济高速发展后幸福感普遍增强的主流背景下，转型社区居民对拆村并居中的利益博弈以及由此引发的矛盾、焦虑甚至抱怨，无疑是决策层和管理部门不容忽视的社会迹象。亟须提供系统化的就业促进方案，为社区居民的可持续性生计找到出路，以缓解他们失去土地的生存焦虑。

（二）社会资本削弱、"愁适应"：邻里关系中断、社区参与不足，社区资本受到前所未有的冲击与削弱

（1）如果说工具性资本对经济收入的增长有显著影响[4]，那么对于从传统人情社区步入城市社区的居民而言，情感性社会资本（亲友探访）在增进积极生活体验中就有着不可替代

① 埃斯平-安德森（Gosta Esping-Andersen）编《转型中的福利国家——全球经济中的国家调整》，杨刚译，商务印书馆，2010年，第380~397页。
② 刘军强、熊谋林、苏阳：《经济增长时期的国民幸福感——基于CGSS数据的追踪研究》，《中国社会科学》2012年第12期，第82~102页。
③ 黄嘉文：《收入不平等对我国居民幸福感的影响及其机制研究》，《社会》2016年第2期，第123~145页。
④ 武岩、胡必亮：《社会资本与中国农民工收入差距》，《中国人口科学》2014年第6期，第50页。

的意义。然而，碎片化的回迁社区改变了基于地缘、血缘、业缘形成的感情纽带，居民从传统的乡土熟人社区转向城市公寓式居住模式，成为回迁房社区的陌生人，邻里关系中断，社区公共生活几乎消失殆尽，社会关系碎片化、原子化，非正式社会支持网络受到破坏，社区归属感和整合度降低，社区自我调节能力削弱。如何开展社区关系建构工作，恢复并重构社区资本，对于增强转型社区居民的社会支持，提升社区生活满意度有着深远的意义。

（2）社区社会组织发展滞后导致社区参与不足，既不利于提升社区民主管理水平，也不利于激发并培养社区自治能力。社区居委会主要负责承接基层社区行政管理事务，物业公司主要提供"商品化"的日常社区服务项目，二者既不能有效地培养居民的情感性社会资本，也不能形成与居民平等对话、协商的参与机制。所以，要在转型社区实践"三社联动"社区发展机制，就需要通过积极培育转型社区服务型、参与型社会组织，提供专业化社区社会工作服务，增进转型社区居民的能动性和自主性，促进社区资本的转移与发展，提升社区生活品质。

（三）福利制度资本薄弱、"愁养老"：制度资本在利益博弈中艰难前行，医疗保险政策获得优先发展，但养老保险令人担忧

如何推进"新农保/新农合＋失地补偿机制"的过渡性模式向新型城乡一体化的"城乡居民养老保险""城乡居民医保制度"转变，不仅是社区社会政策实践改革的核心，也是提升转型社区居民的制度资本、实现城乡制度融合的关键。

（1）基本保险制度的融合。2014年城乡居民养老保险制度、2016年城乡居民基本医疗保险制度的设计，标志着首次完成了养老保险、医疗保险两大基本社会保险的城乡一体化的顶层设计，为促进经济发展与社会转型提供了基本的政策保障，对于增进转型社区居民的社会福祉，促进公平性、包容性、可持续性的社会保障制度具有重大意义。但是，制度改革尚未有效惠及转型社区居民，新农保和新农合的制度惯性影响转型社区居民的参保选择，多数居民依然驻足于城乡居民养老保险、城乡居民医保门槛之外。一方面，亟待职能管理部门如民政与社会保障部门加大政策宣传、沟通与推行力度，以增强居民的保险意识和责任感，提高参保率和缴费标准，只有这样，才能发挥城乡居民养老保险、城乡居民医保的保障功能。另一方面，充分调动地方政府、社区和用工单位的参保积极性，加大社会保险统筹的投入，强化责任和监管，加强对两大基本保险政策实施的评估管理工作。

（2）调查表明转型社区居民依然没有被纳入工伤保险、失业保险、生育保险、住房公积金城市基本保险政策体系。尽管转型社区失地农民已经从农村户口转为城市户口，但因没有兑现城市社会保险待遇，成为有名无实的"空户口"。伴随居民就业方式的转变，不仅要积极推行转型社区居民的生活保障安置政策，也要加快完善工伤保险和失业保险制度，以应对居民从传统农业向非农就业转变过程中的风险，实现制度资本在保障居民生活、提高生活满意度中应有的社会功能。

第四章

新型城镇化阶段转型社区家庭发展评估[*]

　　近年来城镇化建设驱动的村庄拆并潮流，带来社区形态与家庭结构的深刻变迁。本章基于家庭人力资本、经济资本、社会资本指标体系构建家庭发展综合指数，评估转型社区家庭发展状况。研究发现转型社区家庭经济增长乏力，社会资本急剧削弱，社区归属感和整合度降低。新型城镇化发展规划提出以"人的城镇化"为核心的内涵式发展策略，要促进经济与社会的均衡发展。要积极构建家庭发展政策体系，增强家庭发展能力，以提升转型社区居民的生活满意度，增进社区社会管理的效能，应对急剧社区转型给家庭带来的冲击和影响。

　　城市化是一个社会走向现代化的最主要的福利指标和发展途径。[①] 近年来城镇化建设驱动的村庄拆并潮流，带来社区形态与家庭结构的深刻变迁。民政部统计数据显示，我国村落的数量正在以惊人的速度逐年递减，村委会数量10年间（2001～2011年）平均每年减少约1.1万个，平均每天减少

　　* 本章发表于2018年第4期《思想战线》，感谢合作者中国人民大学人口与发展研究中心顾宝昌教授。

　　① M. Soleimani, S. Tavallaei, H. Mansuorian, Z. Barati, "The Assessment of Quality of Life in Transitional Neighborhoods," *Social Indicator Research*, Vol. 119. No. 3. 2014, pp. 1589 – 1602.

约 30 个。[①] 本研究将这类位于城乡结合地带，"拆村建居"，以失地农民家庭为主体逐步融入城市、成为新居民的新型社区形态界定为"农转居"转型社区（"转型社区"）。转型社区失地农民的就业安置仍然是当下最为根本的民生问题，而家庭适应与社区管理则是最为复杂的社会问题。

城市化及国家建设开发规划带动下的"就近城镇化"，是市场－政府共同驱动下的人口城镇化。"十三五"规划纲要明确提出新型城镇化要以人的城镇化为核心，推进完成 1 亿左右的农业转移人口和其他常住人口在城镇落户，并引导中西部中小城镇 1 亿人就近城镇化，把社会事业发展重点放在农村和接纳农村转移人口较多的城镇。[②] 转型社区正是接纳农业人口就地转移的城镇社区。《国家新型城镇化规划（2014－2020）》强调城镇化是解决农业、农村、农民问题的重要途径，是扩大内需和促进产业升级的重要抓手。[③] 新型城镇化以提升人的权利、能力及幸福为核心，以建立新型社区及新型社会管理为主要目标，促进城市与农村社区管理体系的融合，推行转型社区居民的生活保障安置政策，增强经济发展带来的幸福感和公平感。[④] 数以万计村落的终结，不仅仅是拆村建居的简单问题，

---

① 民政部：《中国民政统计年鉴（2011）》，中国统计出版社，2012。
② 《中华人民共和国国民经济和社会发展第十三个五年规划纲要》，人民出版社，2016，第 88 页。
③ 中共中央、国务院：《国家新型城镇化规划（2014－2020 年）》，参见 http://www. gov. cn/gongbao/content/2014/content_2644805. htm，最后访问日期：2018 年 7 月 11 日。
④ 任远：《人的城镇化：新型城镇化的本质研究》，《复旦大学学报》2014 年第 4 期，第 134~138 页。Bingqin Li, ChunLai Chen and BiLiang Hu. "Governing Urbanization and the New Urbanization Plan in China," *Environment & Urbanization*, Vol. 28, No. 2, 2016, p. 531. 许熙巍、夏青、汤岳：《中英乡结合部社区案例的经济与社会转型比较》，《国际城市规划》2014 年第 5 期，第 62~64 页。

更是涉及居村农民市民化、集中区社区化和职业非农化的社会系统工程，其实质是以失地农民家庭为主体的社会融合与制度重构的社会建设过程，是实现农业社会向城市社会转型的过程，需要政府和学界重新审视并付诸行动。

一 城镇化研究：批判论、成效论与阶段论

学界关于我国城镇化研究争论的焦点主要围绕"批判论"、"成效论"和"阶段论"展开。批判社会学和政策社会学致力于揭示城镇化引发的社会问题和内在矛盾。政府主导的制度安排与政策设计旨在平衡急剧城市化带来的诸多消极因素。[①] 在单一追求经济效益的城镇化发展模式下，一些地方政府用行政手段借助于市场力量直接干预农村社区的拆并；"被城市化"的村民往往将生活困境全部归咎于政府，对政府有着无限诉求，政府面临承担无限责任的问题，导致政府"深陷"社会。[②] 补偿制度、社会记忆、乡土习惯、居住条件等共同建构了失地农民身份认同偏差，不利于新移民更好地融入新居住社区。[③] 一些学者的研究则更重视强调社区转型在推动就近城镇化过程中的积极因素与显著成效。来自江苏太仓市两个村改居社区的个案研究表明，相对于异地城镇化而言，"村改居"

① Taylor-Gooby, Peter. *The Divisive Welfare State. Social Policy and Administration*, Vol. 50，No. 6，2016，pp. 712 – 733.
② 毛丹：《村落共同体的当代命运：四个观察维度》，《社会学研究》2010 年第 1 期，第 1~33 页；王春光：《城市化中的"撤并村庄"与行政社会的实践逻辑》，《社会学研究》2013 年第 3 期，第 15~28 页。
③ 叶继红：《集中居住区移民身份认同偏差：生成机理与调整策略》，《思想战线》2013 年第 4 期，第 22 页。

的就近城镇化能够更有效地短时间、低成本地转移农村人口。[①]
成都某村"离土不离乡"的就近城镇化发展路径，能够降低
社会迁移成本、避免迁移带来的家庭分离等社会问题，缓解大
城市的人口压力。[②]"阶段论"绕开"问题多"还是"成效
大"的价值判断，从发展社会学的研究范畴探讨新型城镇化的
基本模式与发展路径，指出以土地扩展为核心的粗放型发展模
式难以为继，要向集约型、可持续的新型城镇化发展模式转
变，推动城镇化从空间城镇化、土地城镇化向人的城镇化、社
会城镇化、制度城镇化不断深化。[③] 已有研究重视宏观发展战
略设计及微观社区经验剖析，但忽视了中观层面的"家庭"
这一重要单位，对家庭发展政策的关注和研究不足。

二　家庭政策与转型期的中国家庭

国际社会政策致力于推进以增进家庭能力和家庭福祉为目
标的"发展型家庭政策"，以增强家庭对社会环境和社会变迁
的适应能力。支持家庭和谐、促进家庭发展已成为国际社会政
策设计的重点。[④] 20 世纪 80 年代以来，发达国家开始推进以

---

① 吴业苗：《农村城镇化、农民居住集中化与农民非农化——居村农民市民化
　路径探析》，《中州学刊》2010 年第 4 期，第 98 页。

② Guo S, Zou J. " Study and Enlightenment of the Urbanization of Rural Areas in Chi-
　na in the Background of New Pattern Urbanization—Taking Zhanqi Village, Pi Coun-
　ty for Instance," *Open Journal of Social Sciences*, Vol. 3, No. 9, 2015, pp. 137 -
　144.

③ 倪鹏飞：《新型城镇化的基本模式、具体路径与推进对策》，《江海学刊》
　2013 年第 1 期，第 87 ~ 94 页；吴昊、郑永君、谷玉良：《快速城镇化背景下
　转型社区的发展陷阱及其治理困境》，《城市发展研究》2017 年第 5 期，第
　85 ~ 90 页。

④ Tito Borri, Gordon Hanson, and Barry McCormick (eds.), *Immigration Policy
　and the Welfare System*, Oxford University Press. 2002, p. 145.

"发展型家庭政策"为导向的政策改革，把家庭政策作为政府对经济和社会发展的投资，家庭政策从满足家庭成员的基本生存需求转向增强家庭功能、提升家庭能力，从支持型向发展型转变、从单一功能向多元化功能转变、从整体性向个体化发展转变。[①] 我国经历的急剧社会变迁从整体上改变着城乡家庭的结构、功能及需求，要重视发展社会转型期家庭福利政策的主张，回应家庭发展的基本需求。[②] 城镇化推动的社区转型不仅使家庭丧失传统经济生产功能，而且居住方式的变化及老龄化加剧了家庭结构的小型化和空巢化，直接削弱了家庭代际照顾功能。所以，如何促进传统农业家庭经济模式向非农业市场就业模式转型，特别是如何积极平衡女性在家庭照顾和就业之间的角色冲突，成为转型社区家庭发展政策的关键。

三 数据来源与评估指数

（一）调查方法与数据来源

研究以家庭为分析单位，以云南省昆明市为调查地点，采取入户问卷调查方式收集数据，通过非概率抽样选取调查样本。课题组成员由社区工作人员引介到社区，利用节假日（端

---

① 张秀兰、徐月宾：《建构中国的发展型家庭政策》，《中国社会科学》2003 年第 6 期，第 84 ~ 96 页。
熊跃根：《女性主义论述与转变中的欧洲家庭政策——基于福利国家体制的比较分析》，《学海》2013 年第 2 期，第 95 ~ 102 页。
赵芳、陈艳：《近二十年来的欧洲家庭政策：变化及其延续》，《华东理工大学学报》2014 年第 1 期，第 20 ~ 27 页；刘建娥、范雅康、罗明辉：《乡 - 城移民家庭融入趋势及政策研究框架——基于 2014 年国家卫计委流动人口动态监测数据》，《江苏社会科学》2015 年第 4 期，第 27 ~ 32 页。
② 吴帆、李建民：《家庭发展能力建设的政策路径分析》，《人口研究》2012 年第 4 期，第 37 ~ 40 页；杨菊华、何炤华：《社会转型过程中家庭的变迁与延续》，《人口研究》2014 年第 2 期，第 36 ~ 43 页。

午节、周末）居民闲暇时段，调查员随机入户开展调查，问卷通过问答式填答。抽样社区选取昆明市城市化进程最快的官渡区和呈贡新区所辖的 8 个社区，调查总样本量为 876 份。剔除样本中未婚人数，以已婚的户主或家长为调查对象，有效样本量为 781 人。通过 SPSS 软件进行数据处理与描述统计分析，并采用 AMOS 软件建立结构方程模型。

（二）样本数据概况

如表 4-1 所示，样本人口的年龄结构以中青年、中老年为主，分别占 38.3% 和 48.1%。女性比例偏高，占 62.6%。[①] （1）就业状态与从业类型：就业转换面临较大的挑战，无固定职业的占三成；就业人员中以服务业为主，包括商业服务业和社会服务业，占 24.3%。（2）户口性质：当地村民大部分从农村户口转为城市居民户口，农转居户口占六成多。[②]（3）转型社区居民的教育基础好于边远农村社区的农民和农民工，约八成被访对象的受教育水平达到初等教育及以上。（4）被访对象自我评价的健康状况良好，"较好"和"一般"的约占九成。（5）昆明市转型社区在 2010~2015 年经历了两次回迁入住高峰，搬迁入住新社区的时间主要集中在 2009~2010 年、2014~2015 年两个时段，近七成的居民已入住新的回迁房社区，继续住原社区的约占三成。回迁住房及社区基础设施建设基本完成。2016 年至 2020 年的五年间，即是创新新型城市社区管理服务模式的关键时期，也是构建转型社区家庭发展政策的重要时期。

---

① 本研究通过非概率抽样选取调研样本，入户时段女性和中老年人在家的比例偏高，所以调研对象的年龄结构和性别结构存在一定的统计偏差。

② "农转居"过程中部分村民的土地没有完全被征用，所以调研对象中有 35.7% 的依然是农业户口。

表 4 - 1　转型社区居民家庭的基本情况

单位：人，%

指标		频数	百分比
年龄结构	青年：30 岁及以下	106	13.6
	中青年：31～50 岁	299	38.3
	中老年：51 岁及以上	376	48.1
性别	女	489	62.6
	男	292	37.4
就业状态及类型	制造、建筑业技术工人	35	4.5
	商业服务业	80	10.2
	社会服务业	110	14.1
	无固定职业	268	34.3
	其他	288	36.9
户口性质	农业户口	279	35.7
	城市户口	502	64.3
教育水平	未上过学	118	15.1
	初等教育：小学、初中	541	69.3
	中等教育：高中、职中	86	11.0
	高等教育：大专及以上	36	4.6
健康状况	较差	85	10.9
	一般	177	22.7
	较好	519	66.5
居住状况	搬迁新社区	523	67.0
	住原社区	258	33.0

（三）转型社区家庭发展综合指数

学界应用社会资本理论分析家庭及社区，形成家庭社会资本、社区社会资本的分析概念。

社会资本是指行动主体从社会网络与关系互动中获取资源的能力，社会资本概念能够弥补社会中的"结构缺陷"（bridg-

ing structural holes）。① 社会资本是满意度和幸福感的重要预测
变量，其效用充分地体现在社区层面，对不同性质失地农民
的市民化进程具有差异化影响。② 家庭社会资本是嵌入家庭成
员社会网络及家庭成员积极的个人关系而获得的社会资源，包
括亲缘关系、邻里关系及社会关系。③ 经济资本（父母和儿童
的经济资源）、人力资本（认知技能和教育获得）和社会资本
是构成家庭背景的三个关键要素。④ 研究结合转型社区家庭发
展内涵，以家庭人力资本、家庭经济资本、家庭社会资本及社
区社会资本作为主要分析维度构建三级指标体系以测量家庭发
展综合指数，评估转型社区家庭发展状况（见表4-2）。

表4-2　转型社区家庭发展综合指数

潜变量 （一级指标）	观测变量 （二级指标）	测量指标及取值情况 （三级指标）	均值
家庭人力资本 （FHC）	受教育水平（ED）		
	工作技能水平⑤（ES）	1：无职业资格认证，无技能	71.7%
		2：无职业资格认证，有技能	14.4%
		3：有职业资格认证，有技能	13.9%

① Burt, R., *Structural Holes: The Social Structure of Competition.* Cambridge: Harvard University Press, MA. 1992.
② Leung A., Kier C., Fung T., et al., " Searching for Happiness: The Importance of Social Capital," *Journal of Happiness Studies*, Vol. 12, No. 3, 2011, pp. 443 – 462. 于宏、周升起：《社会资本对失地农民市民化进程的影响》，《城市问题》2016 年第 7 期，第 4 ~ 11 页。Vemuri A. W., Grove J. M., Wilson M. A., et al., " A Tale of Two Scales: Evaluating the Relationship Among Life Satisfaction, Social Capital, Income, and the Natural Environment at Individual and Neighborhood Levels in Metropolitan Baltimore," *Environment & Behavior*, Vol. 43, No. 1, 2011, pp. 3 – 25.
③ 边燕杰：《城市居民社会资本的来源及作用：网络观点与调查发现》，《中国社会科学》2004 年第 3 期，第 136 ~ 148 页。
④ Coleman, J. S. *Foundations of Social Theory.* Cambridge, MA: The Belknap Press of Harvard University Press, 1990.
⑤ 本文中的工作技能主要是指与城市就业市场相匹配的技能，调研点呈贡区农民有悠久的花卉等农业种植传统和丰富的经验，在土地被征用后，部分失地农民转移到周边乡镇租种土地，继续从事农业生产。

续表

潜变量 （一级指标）	观测变量 （二级指标）	测量指标及取值情况 （三级指标）	均值
家庭经济资本 （FEC）	家庭就业人数（EN）		1.58 人
	就业类型（ET）		
	家庭月均收入（FI）		4127.1 元/月
	家庭月均支出（FC）		3350.0 元/月
	住房类型（HT）	1：农村宅基地自建房 2：回迁房 3：自购商品房 4：其他	22.7% 59.9% 1.4% 16.0%
	住房面积（HS）		145.7 平方米
家庭社会资本 （FSC）	亲友探访（RI）	取值 0 ~ 5 分	2.6 分
	亲友帮助（RS）	取值 7 ~ 28 分[①]	10.5 分
社区社会资本 （CSC）	社区参与（CP）	取值 6 ~ 24 分[②]	8.0 分
	社区服务（CC）	取值 6 ~ 30 分[③]	14.9 分
	社区支持（CS）	取值 8 ~ 32 分[④]	12.4 分
家庭结构 （FS）	家庭类型（FT）	1：直系家庭 2：核心家庭 3：空巢家庭 4：其他	39.8% 15.5% 19.9% 24.8%
	家庭人口数（FN）		3.9 人

① 拆借生活用品、借钱、日常生活照顾、病期照顾、休闲娱乐、介绍朋友、介绍工作共 7 项指标，"经常""有时""偶尔""无"依次赋值 4 ~ 1 分，各指标得分加总为该变量的分值，取值范围是 7 ~ 28 分，统计显示均值为 10.5 分。

② 参加居委会、业委会、村委会、物业公司、志愿组织、其他社区组织的活动共 6 项指标，"经常""有时""偶尔""不参加"依次赋值 4 ~ 1 分，各指标得分加总为该变量的分值，取值范围是 6 ~ 24 分，统计显示均值为 8.0 分。

③ 精神健康服务、残疾人康复服务、老人日间照顾、家政服务、幼儿园照顾、托儿所照顾共 6 项指标，"有，满足需要""有，但没有满足需要""没有，但有需要""没有，也不需要""不知道"依次赋值 5 ~ 1 分，各指标得分加总为该变量的分值，取值范围是 6 ~ 30 分，统计显示均值为 14.9 分。

④ 认识社区资源和设施、家居维修、介绍工作和就业培训、子女入学入托、健康促进项目、老人社区照顾、心理疏导、社区活动共 8 项指标，"最大帮助""有一些帮助""较少帮助""无任何帮助"依次赋值 4 ~ 1 分，取值范围是 8 ~ 32 分，统计显示均值为 12.4 分。

四　研究设计与分析方法

（一）模型设计

研究以家庭人力资本、家庭经济资本、家庭社会资本、社区社会资本、家庭结构为潜变量，建立结构方程模型，检视资本因素与生活满意度的内在影响机制。结合已有的研究观点和常识经验，本研究拟定以下 5 个研究假设，构建初始假设模型。

假设 1：家庭人力资本对生活满意度有正影响，家庭人力资本越多，生活满意度水平越高。

假设 2：家庭社会资本对生活满意度有正影响，家庭社会资本越多，生活满意度水平越高。

假设 3：家庭经济资本对生活满意度有正影响，家庭经济资本越多，生活满意度水平越高。

假设 4：社区社会资本对生活满意度有正影响，社区社会资本越多，生活满意度水平越高。

假设 5：家庭结构与生活满意度相关，即家庭常住人口数及家庭类型会对生活满意度有特定的影响。

潜变量"生活满意度（LS）"通过 5 个观测变量"社区居住"、"社区环境"、"社区经济"、"社区设施"和"社区和谐"来测量，采用五分测量法。"与拆迁前的农村社区相比，您对现在居住社区的评价"："差多了"1 分，"差一些"2 分，"差不多"3 分，"好一些"4 分，"好多了"5 分。

（二）结构方程模型

初始假设模型的评估结果显示，家庭资本的 4 个潜变量中，只有社区社会资本（CSC）、家庭人力资本（FHC）两大变量通过显著性检验，社区社会资本（CSC）对生活满意度（LS）有正向影响，家庭人力资本（FHC）对生活满意度（LS）则是负向影响；而家庭经济资本（FEC）、家庭社会资本（FSC）对生活满意度（LS）没有影响。家庭结构（FS）变量对生活满意度（LS）也没有影响。所以，修正研究假设1，完全接受研究假设4，拒绝研究假设2、研究假设3及研究假设5。初始假设模型的评估结果中，4条路径没有通过显著性检验，其他载荷系数均在0.001的水平下通过检验，所以，对初始模型进行修正，依次删除3条路径：FS（家庭结构）→生活满意度（LS）、家庭经济资本（FEC）→生活满意度（LS）、家庭社会资本（FSC）→生活满意度（LS）。修正模型评估结果表明：各因子对观测变量的载荷系数在0.001的显著性水平下全部通过检验；模型拟合指数GFI为0.939，大于0.9接近1，RMR为0.050，显示出较好的拟合程度，所构建的模型可以接受。数据分析将对模型参数估计结果和相关统计数据做进一步的解释分析。

五 家庭资本要素分析

（一）家庭人力资本要素

家庭人力资本（FHC）与生活满意度（LS）"意外地"呈现负向相关。家庭人力资本越多，生活满意度水平越低，标准化回归系数 Beta 值为 -0.238。受教育水平越高的居民，对于生活现状具有更多理性的思考和觉悟，对于市场和资本主导下村庄变迁的利弊，有更多的反思甚至批判。占地拆迁的经济补偿，对于受教育水平低、就业能力弱的村民，更倾向于满足眼前利益，而受教育水平较高、就业能力较强的村民，则会理性地评估失去土地、住进楼房的成本与代价，对未来和后代的生计充满焦虑，对于传统田园生活和自然生态充满眷恋，所以家庭人力资本越高，生活满意度越低。

家庭人力资本（FHC）与家庭经济资本（FEC）显著正相关，标准化相关系数为 0.406。人力资本（FHC）越多，就业竞争力较强，有助于提升家庭经济资本（FEC）。但是，描述统计发现家庭人力资本（FHC）的观测变量呈现"一高一低"的现象：受教育水平（ED）较好，具备初等教育水平及以上（包括初等教育、中等教育和高等教育）的居民占 84.9%；工作技能水平（ES）偏低，"无职业资格认证，无技能"的占 71.7%，"有职业资格认证，有技能"的只占 13.9%。相对于边远农村社区的农民和农民工，转型社区居民的教育基础较好，就业技能具有较大的提升空间，所以，职能管理部门应优先重视实施转型社区居民的职业培训计划，充分挖掘就业潜能，促进家庭人力资本建设。

（二）家庭经济资本要素

家庭经济资本（FEC）对生活满意度（LS）没有影响。（1）家庭经济的增长并没有带来生活满意度的提升，回应"幸福悖论"的基本观点。物质生活改善与精神主观感受可能不仅不同步，而且缺少关联。经济增长能否带来国民幸福感的提高？从长期看，伊斯特林认为经济增长能够提高幸福感的空间是有限的，当国民幸福感受经济发展影响而上升到一定程度时，可能出现幸福感饱和、停滞或下降。[①] 尽管经济增长是促进中国居民幸福体验的重要因素，但社会优化与社会失衡之

---

① Richard A. Easterlin, "Robson Morgan, Malgorzata Switek and Fei Wang. China's Life Satisfaction, 1990 – 2010," *Proceedings of the National Academy Science*, Vol. 109, No. 25, 2012, pp. 9775 – 9780.

间的张力导致人们在享受社会进步的同时，也必须直面转型带来的代价与痛苦。[①] 这种体验在转型社区尤为真切，家庭面临的生计压力和生活方式的转换蕴含着普遍的生存焦虑，这些消极情绪将直接降低人们的幸福感和满意度。(2)生存焦虑让多数居民"节衣缩食"，家庭经济收支失衡，家庭消费乏力。数据表明，转型家庭的经济资本总体水平高于全国农村家庭，但与城市居民家庭依然存在较大差距。转型社区居民家庭年均总收入为 53722 元。经济来源主要包括村集体经济分红、务工工资收入、生意经营收入、租房收入、租地收入，不包括征地补偿和拆迁补偿。[②] 转型社区民居家庭年均总支出为 39542 元，低于全国农村家庭消费水平，远低于城镇家庭消费总额。转型社区居民家庭年度收支结余额为 14180 元，与全国农村家庭收支差额 2155 元相比，转型社区家庭年度收支额高出全国农村家庭收支差额 5.58 倍。[③] 不同于昔日低成本、半自给自足的农村生活，城市生活需承担食品生活开支，回迁房社区新增物业费、水电费等，依靠房租和征地拆迁补偿的家庭经济，不具有可持续性和稳定性，这在商品化、高支出的城市社区显然是难以为继的，家庭经济状况令人担忧。

（三）家庭社会资本要素

家庭社会资本（FSC）对生活满意度（LS）没有影响。尽

---

① 刘军强、熊谋林、苏阳：《经济增长时期的国民幸福感——基于 CGSS 数据的追踪研究》，《中国社会科学》2012 年第 12 期，第 82～102 页；黄嘉文：《收入不平等对中国居民幸福感的影响及其机制研究》，《社会》2016 年第 2 期，第 123～145 页。

② 征地补偿和拆迁补偿一般是一次性支付，不便于按年度进行统计。

③ 全国农村家庭的年均收入为 49497 元，城镇家庭年均收入为 88683 元；全国农村家庭平均年消费总额为 47342 元，城镇家庭平均年消费总额为 72036 元（参见国家卫生计生委家庭司编著《中国家庭发展报告 2015》，中国人口出版社，2015，第 23 页、第 29 页）。

管已有研究认为社会资本对失地农民的身份认同和长期归属感均具有显著正向影响,[1] 但本研究发现家庭社会资本（FSC）对生活满意度（LS）没有显著影响。转型社区居民家庭社会资本（FSC）水平偏低,亲友探访、亲友帮助构成的非正式社会支持网络薄弱。家庭社会资本（FSC）的两个观测变量中,亲友帮助（RS）的回归系数为 0.85、亲友探访（RI）的为 0.56,描述统计显示的两个观测变量的均值偏低,分别为 10.5 分和 2.6 分。家庭社会资本（FSC）与家庭经济资本（FHC）、社区社会资本（CSC）显著相关,相关系数分别为 0.652、0.172。家庭社会资本（FSC）与家庭经济资本（FEC）有显著的正向相关。正如武岩、胡必亮研究指出的,社会资本与市场化和正式制度逆向运行,正在拉大经济收入差距,影响经济资本的发展水平。[2]

六　家庭结构要素分析

家庭结构（FS）变量对生活满意度（LS）没有影响。(1) 转型社区家庭类型特征与全国家庭类型情况有所不同:转型社区家庭类型以传统的直系家庭为主（夫妇＋父/母＋未成年子女）;而全国的家庭类型以核心家庭为主,占 64.3%,直系家庭仅占 26.2% 。[3] 本次调研数据显示,转型社区直系家庭占 39.8%,家庭人口数均值为 3.8 人,核心家庭仅占

---

① 于宏、周升起:《社会资本对失地农民市民化进程的影响》,《城市问题》2016 年第 7 期,第 4～11 页。

② 武岩、胡必亮:《社会资本与中国农民工收入差距》,《中国人口科学》2014 年第 6 期,第 50 页。

③ 国家卫生计生委家庭司编著《中国家庭发展报告 2015》,中国人口出版社,2015,第 7 页。

16.0%。不过，传统直系家庭的代际互助重在"抚幼"而非"养老"①，家庭照料功能弱化，老年照顾依然是家庭政策急需回应的基本需求。（2）家庭结构（FS）变量与社区社会资本（CSC）显著相关，相关系数为 0.601。与父母同住的直系家庭，能够拥有更多的传统农村社区的社会网络关系，比核心家庭有更丰富的社区社会资本资源。

七 结论与讨论

数据分析发现社区社会资本（CSC）对生活满意度（LS）有显著的正向影响，而家庭人力资本（FHC）对生活满意度（LS）有显著的负向影响；家庭经济资本（FEC）、家庭社会资本（FSC）以及家庭结构（FS）变量对生活满意度（LS）没有影响。总体而言，目前转型社区家庭经济增长乏力，社会资本急剧削弱，经济发展与社会发展失调的问题凸显。就业转换与生活适应是造成发展困境的主要原因。

第一，家庭经济"外强中干"，居民面临较大的生计压力和就业压力。家庭经济增长主要有以下三个影响因素。（1）短期内家庭经济可以依靠房租和征地拆迁补偿款，但从长远看，家庭收入增长的动力和后劲不足。就业以家庭作坊分散经营的非正规就业为主，使他们成为就业市场中低技能与低收入的弱势群体。家庭就业不充分、不稳定，无固定工作的约占三成。（2）数据表明，传统直系家庭仍然是转型社区主要的家庭类型，家庭照顾负担重，在一定程度上影响家庭收入的增长。家庭规模越大，家庭收入增加的概率就越小，有老人的家庭不利

---

① 王跃生：《中国城乡家庭结构变动分析——基于 2010 年人口普查数据》，《中国社会科学》2013 年 第 12 期，第 76 页。

收入的增加。① （3） 养老及医疗社会政策依然滞留于低水平的农村社保体系，生活保障政策缺失，家庭消费乏力， "愁生计"， "愁养老"。中老年一代尚可依靠征地拆迁补偿的 "家底"，大多有务农经历和吃苦耐劳精神，愿意从事低端辛苦的工作，但青年及中青年一代不能 "坐吃山空"，且他们的择业期待高于父辈。基于就业质量指标评价体系的量化研究也发现，目前一些地区失地农民的就业质量较差，要积极推动 "自我选择 + 政府扶持 + 社会支持" 的 "一站式就业服务" 模式，从征地补偿款中落实专项培训资金，以提升失地农民的职业技能。② 所以，当务之急要增加转型社区居民特别是青年人的人力资本，提升其就业能力。相对于边远地区农民及农民工群体，转型社区居民的基础受教育水平较高，具备较大的职业技能提升潜力和就业发展空间。

第二，碎片化的回迁社区削弱家庭社会资本，社区归属感和整合度降低。转型社区发展易陷入碎片化和内卷化，面临社区分化加剧、社会资本难以重塑的治理困境。③ 村民离开鸡犬相闻的自然村落，被统一安置到密集的回迁房，从乡土熟人社区转向公寓式居住社区，基于地缘、血缘、业缘形成的村落被打散重组，居民成为公寓式回迁房里的陌生人，邻里关系中断，社会关系碎片化，非正式的社会支持网络系统受到前所未有的冲击和破坏，极大地削弱了家庭社会资本和社区社会资

---

① 杨穗、李实:《中国城镇家庭的收入流动性》,《中国人口科学》2016 年第 5 期, 第 88 页。

② 王晓刚:《失地农民就业质量评价——以郑州市为例》,《城市问题》2015 年第 7 期, 第 71～77 页。
　　石鹏娟、孙立霞:《基于新型城镇化建设背景的民族地区城郊失地农民就业模式研究——以西宁市为例》,《城市发展研究》2017 年第 1 期, 第 148～152 页。

③ 吴昊、郑永君、谷玉良:《快速城镇化背景下转型社区的发展陷阱及其治理困境》,《城市发展研究》2017 年第 5 期, 第 85～90 页。

本。失地农民因不能适应城市社会交往规则和居住方式而呈现内倾性交往状态①，既不利于社会资本的培育和转移，也限制他们融入城市的市民化进程。数据显示，农转居社区居民的社区参与不足，农转居不仅仅是户籍改变、上楼居住、职业变化，更重要的是如何实现社会生活城市化。生活方式、交往行为及价值观念的转变带给居民内在的迷茫、困惑及焦虑，精神层面及行为方式的城市化是更为艰难的，但职能部门，甚至居民自身对此都还缺乏充分的认识。

在城乡一体化的社会政策尚未有效运行的背景下，单靠劳动力市场无力解决失地农民家庭职业转换和社会适应的问题，必然加剧转型社区居民面临的生存焦虑。亟待构建以"家庭资本建设"、"家庭能力建设"和"提升家庭福利水平"为核心的转型社区家庭政策发展体系，增强家庭自身发展能力，使家庭更好地适应社区及社会环境的变化，以改善和提高转型社区公共政策的社会基础与运行效能。

---

① 李倩、李小云：《"分类"观念下的内倾性社会交往：失地农民市民化的困境》，《思想战线》2012 年第 5 期，第 43 ~ 47 页。

第五章

转型社区待业妇女就业促进实务[*]

因城市发展规划需要，2008 年呈贡县（现呈贡区）W 村开始征用大部分土地，加之滇池环湖生态治理，该社区面临整村拆迁。政府对失地农民主要提供相应的征地拆迁经济补偿，而后续的社会服务特别是就业促进服务比较薄弱。失地农民开始谋求新的就业方式和可持续生计。部分就业能力较弱的家庭陷入"坐吃山空"的窘境，家庭收入增长乏力。在从传统农村就业向城市就业转变过程中，原有的农业生产技能与新的城镇就业方式不匹配，失地农民面临就业技能缺失、观念保守、资讯缺乏等不利因素，特别是长期处于失业状态的待业妇女更成为弱势中的弱势。"失地"社会变迁带来就业市场的边缘化，加之转型社区待业妇女在家庭结构中本就处于弱势语境，形塑了其双重困境，这不仅不利于女性自身健康发展，从长远看也会限制家庭发展和社区转型。本章以昆明市呈贡区 W 社区为例，检视评估转型社区失地妇女的就业需求和面临的问题，通过就业小组实务介入，开展失地妇女就业促进服务，提升就业能力，构建失地妇女的社会支持网络，并基于实务研究

* 本章实务研究基于云大社工专硕 2017 年专业实习项目，感谢笔者的研究生周亚斌、毕杰及其实习团队参与实务研究工作。

和参与观察，提出以促进家庭发展为目标，构建政府主导的系统化家庭就业促进方案。

一　失地农民就业相关政策

为了减少失地对农民带来的利益受损，避免失地、失业造成新的贫困，各地政府推出一系列失地农民就业促进政策和措施，带动失地农民实现身份和就业方式的转变，促使他们顺利地融入城市。20 世纪 80 年代初到 90 年代，我国失地农民政策以保护型政策为主，保障失地农民的基本生活，主要涉及生活补助和最低生活保障政策、住房安置政策等。近年来失地农民政策逐渐向支持型、发展型转变，旨在提高失地农民生活水平、实现自我发展和社会融入，包括促进就业和自主创业政策、发展集体经济政策、社区发展政策等。[1] 政策转型集中表现为安置思路、政策目标、管理方式三个方面。

（一）安置思路：从"农转工"到"农转居"

在计划经济时期，对于因国家建设征用土地而造成的失地农民问题，主要是采用农转工的方式，即用地单位为失地农民安排工作。失地农民直接转为工人，"吃国家粮"能够获得更好的就业机会。随着经济体制的深化改革，"农转工"难以实行。一是经济结构调整加大了城市本身的就业压力，很多"农转工"人员在企业改制过程中纷纷下岗。二是城乡二元结构开始松动，近郊农民与工人的收入差距缩小，工人身份的吸引力

---

① 隗苗苗、张汝立：《从保护到支持：中国失地农民政策的转型》，《中国特色社会主义研究》2013 年第 3 期，第 71 页。

逐渐下降。① 在这样的背景下，失地农民的目标不再是成为城市工人，而是获得城镇居民身份，安置政策也逐渐由"农转工"向"农转居"开始转变。农转居是一种新的安置失地农民的方式，失地农民转换为非农业户口，并给予相应的经济补偿，而不再为其安排工作。但是这种方式并没有从根本上改变失地农民的生存状况，就业和社保的落实成了最大的难题。②

（二）政策目标：从"收入维持"到"就业融入"

统一安置就业不能有效解决失地农民的长远生计问题，失地农民往往经历"接受统一安置到下岗失业"的过程③，再次失业让失地农民及其家庭陷入新的就业困境，收入维持政策难以为继。就业部门和各级地方政府相继出台一系列就业支持政策，将统一安置的做法改为鼓励和支持失地农民自主创业和就业。昆明市呈贡区为贯彻国务院《关于进一步做好新形势下就业创业工作的意见》（国发〔2015〕23号），进一步做好失地农民的就业创业工作，制定了扶持涉农居民就业创业的实施意见④，通过鼓励自主创业、促进就近就业、服务外出就业、整合培训资源、打造服务平台、提高社保水平、加大资金保障等方法对失地农民提供就业创业支持。

同时，鼓励发展农村集体经济，实现失地农民就近就业成为就业融入、提升收入水平的主要策略。2001年沿海地区制定相关政策，鼓励近郊村镇发展集体经济，解决失地农民就业

---

① 张汝立：《农转工：失地农民的劳动与生活》，社会科学文献出版社，2006，第34页。
② 张汝立：《从农转工到农转居——征地安置方式的变化与成效》，《城市发展研究》2004年第4期，第56~61页。
③ 翟年祥、项光勤：《城市化进程中失地农民就业的制约因素及其政策支持》，《中国行政管理》2012年第2期，第23~24页。
④ 《中共昆明市呈贡区委、昆明市呈贡区人民政府关于扶持涉农居民创业就业的意见》（呈发〔2017〕8号）。

生计问题①，将征用土地的 10% ~ 15% 作为安置人员留用地，建立社区股份经济合作社，大力发展第二、第三产业，用征地补偿建村居、办市场、造饭店、兴企业。这些政策可以帮助失地农民获得土地的增值收益，应对通货膨胀和补偿金贬值风险，避免坐吃山空。在 W 社区调研中，居民们多次提及其他社区的集体经济，他们非常羡慕周边集体经济发展好的社区（呈贡区的七步场社区），这些社区无论是收入还是福利待遇都比他们要好很多。

（三）管理方式：从特殊对待到统一管理

20 世纪 90 年代以前，各级政府在解决失地农民问题时既不按照农民标准，又不按照城镇居民标准对待，而是给予失地农民特殊待遇，专门设置失地农民养老保险。20 世 90 年代以后，在城乡社会政策一体化改革推动下，地方政府尝试解决社保城乡二元化及碎片化的问题，逐步将失地农民的社会保障纳入城镇居民保障体系。2002 年北京市发布实施《城市居民最低生活保障条例》补充规定，明确提出符合条件的农转居人员可以享受城市低保待遇，城市居民最低生活保障覆盖失地农民。

二 W 社区概况

乌龙街道辖区内的 W 社区位于呈贡湖积平原的边缘，背靠七星山，北侧濒临滇池，是一个"靠山、濒湖、水绕"的美丽村庄。现有 13 个村民小组，常住人口 1312 户，共约 4231 人，汉族人口占 98.2%。村落占地面积 430 亩。W 社

---

① 中共浙江省委、省政府：《关于进一步发展壮大村级集体经济的通知》（浙委〔2001〕20 号，2001 年 9 月 4 日。）。

区现属"村改居"社区。社区原有国土面积 2.06 平方公里，土地面积 6034 亩，以经济作物为主导产业，年人均纯收入12000 元。近年来由于城市建设，原有水田 3084 亩被征用，仅存山地、山林和湿地等，社区经济结构发生了巨大变化。

第一，经济与就业。土地的征用使得 W 社区原有的社会格局被打破，村民的身份也由原来的农村户口转变为城镇户口，社区居民的生活方式发生了巨大的转变。社区居民不得不重新开始适应没有土地的生活并寻找新的谋生方式。社区中有40% 左右的居民在外面租地，通过种植花卉、蔬菜等经济作物来增加自己的收入，余下的居民中，有的因为没有相关的种植经验和经营技能而放弃了传统的种植业，没有选择外出租地而是选择外出打工，有的在拿到征地款后买了货车开始"跑运输"。无论是外出租地、跑运输，还是外出打工，基本上都是女性跟随着丈夫一起从事着这些工作。社区中的劳动适龄女性（16～54 岁）约 1269 人，除去跟随丈夫外出租地、外出打工、没有失去土地和有着稳定工作的妇女，约有 60 人没有工作、在家待业。第二，社区社会服务工作。社区居委会在村中建设了社区居家养老服务中心、儿童之家以及妇女之家。依托专业化青少年服务机构，社区儿童之家服务工作开展较充分，妇女服务和居家养老的专业服务比较滞后，机构使用率较低。

三　W 社区待业妇女就业现状

云南大学课题组于 2017 年 5～12 月扎根呈贡区 W 社区，通过参与观察、个案访谈、焦点小组的方法开展社区调研。自2008 年政府征地以来，W 社区只剩下少部分的自留地和山地，这些土地已经无法维持现在的生活，尽管村民获得相应的征地补偿，但一次性经济补偿不是长久之计，村民开始自谋生路，寻找新的就业方式。征地后的十年来，村民大都通过外出再租地、做小生意、打零工以增加经济收入。

有能力、有技术的居民选择了外出租地，在嵩明、宜良等地租地种植农作物或者蔬菜、鲜花等经济作物。这种方式有着很大的风险，如果行情不好就会导致居民的经济遭受巨大的损失，因此只有少部分人选择了外出租地。

> 居民（LW）：以前我自己有土地的时候我会种植一些蔬菜或者鲜花去卖，无论行情好还是不好，对我来说影响都不是很大，毕竟地是自己家的，行情好了我就多赚一些，行情不好我就少赚一些。可是现在不一样了啊，自从没有地之后，我就跟我家的一起租了30亩地，我们主要是种花，每年光花苗、施肥、人工这些成本就要30万（元）左右，行情好了勉强能够保住成本，行情不好我就要赔钱。我们村有好多都是因为运气不好，赶上了行情不好的年头，搞得现在没有钱，还不如有地的时候呢……
>
> 居民（SK）：我们以前有地种的时候，都是我丈夫在外面打工，我在家种地，现在没有地了，我只能在家闲着，这也不是办法啊。我们也学着别的人家出去租地，可是出去后问题就多了很多。像孩子没人照看啊、家里有老人啊等都是我们的事情，加上去年（2016年）下大雨，我们种地的地方遭了水灾，一下子把我们投进去的钱全折腾没了，我也只能在家打打零工，还要照看着孩子和老人……

在社区或呈贡区附近，租用门店贩卖蔬菜、鲜花等做一些小生意，或从事餐饮服务这样的灵活就业方式可以照顾孩子和老人，不需要外出谋业。

> 居民（SJ）：在我们没有地之后，我就跟家里人商量去做一些小生意，因为政府补贴的钱只够我们用一阵子的，这也不是长久之计。像我就是每天在隔壁村的农贸市场守着我家的菜摊，每天早上都要很早就赶过去，还要去拉菜。每天都要折腾到晚上才能回来，虽说辛苦点吧，可是也是没办法，我啥都不会，只能在那边卖卖菜……

选择服务业雇工或打零工这种工作方式的居民有很多，呈贡区经济发展为失地农民创造了较好的就近就业的机会，包括在螺蛳湾批发商贸城做市场管理人员、在大学城做后勤人员、在社区做环卫工人等职业。

> 居民（ZB）：我们村有很多人现在在外面都发财了。你看看村里那些好车都是他们买的，人家会做生意啊，你像我，除了种地啥也不会，我家的也不敢出去租地，咱们没那个本事，只能打零工。我都是跟着我们村里的人一块去，人家那边种花、种蔬菜的在忙的时候会找人去帮忙，一个小时十块钱。干完一个农忙时期也能挣不少钱呢，最起码够家里买菜、买米的……

失地农民就业中性别分化显著，很多妇女在征地之前都从事着第一产业，在家里种植蔬菜、农作物等，在外面工作的多是村里的男性。征地之后原有的生活方式被打破，妇女不能再从事种植业，因没有一技之长而找不到工作，只能在家闲着或者打零工。本章从不利因素和有利因素两个方面评估分析失地妇女的待业和就业现状。

四 W 社区待业妇女就业评估分析

（一）转型社区待业妇女的不利因素

1. 年龄偏大，人力资本薄弱，就业技能缺乏

（1）待业妇女大多是中老年，年龄较大。问卷调查和社区已有的资料显示，社区中共有劳动适龄妇女 1269 人，其中 18～30 岁的共有 221 人，占比为 17.4%；30～40 岁的共有 313 人，占比为 24.7%；40～50 岁的共有 364 人，占比为 28.7%；50～60 岁的共有 276 人，占比为 21.7%；60 岁及以上的共有 95 人，占比为 7.5%。60 位待业妇女的年龄集中在42～55 岁。社区中的适龄劳动妇女的工作状况和她们的年龄存在很大的关系，同样都是失去土地，年龄较大的失地妇女工作状况不容乐观，因年龄偏大，她们很难找到合适的工作。个案访谈发现，很多公司和单位都会因为她们年龄偏大、自己要承担不必要的用工风险而拒绝录用待业妇女。

> 居民（SJ）：你这几天应该也发现了，很多没有工作的都是年龄偏大的，我那几个姐妹都是跟我差不多的年龄，都是 45（岁）以上的年龄。我们之前也去找过工作，每次人家一问到我们的年龄，就说"你们年龄太大了，不符合我们的要求，我们只要年龄在 30 岁左右的，像你们这样的年龄现在就在家看看孩子不是挺好的嘛，干吗还要出来工作啊"。你看看人家说的，我们能有什么办法啊。就算我年龄大了可是我也可以干活的啊，但是人家就不

要，说什么不符合规定啥的。唉，年龄大了，去哪工作都被人嫌弃。像那些年龄小一些的，她们都能很好地找到工作，最不好找工作的就是我们这样年龄的……

（2）文化程度偏低。在社区的 1269 位适龄劳动妇女中，文盲 15 人，占比为 1.18%；小学文化水平的 456 人，占比为 35.93%；初中文化水平的 538 人，占比为 42.40%；高中文化水平的 107 人，占比为 8.43%；专科文化水平的 115 人，占比为 9.06%；本科及以上文化水平的 38 人，占比为 2.93%。对 60 位待业妇女的问卷调查结果表明，其中有 36 位是小学毕业，23 位有初中文凭，1 位是文盲。她们在征地之前从事的都是种植业，征地之后由于自身文化水平较低，难以找到合适的工作，平常都是通过打零工来维持生活。文化水平低导致她们很多人被阻挡在了就业的大门外，导致很多人土地一被征后就失业。

居民（JM6）：现在好的工作哪个不需要文化啊，像我们这个年龄，因为以前没钱也没上过多少学，都是上到小学或者初中就辍学了，很早就开始帮着家里人种地，哪里想到会需要有啥学问啊。可是现在不一样了啊，没有了地，只能去外面找工作，人家听说你只上过小学或者初中都不愿意要，说我们这样的难培训，那能有什么办法啊，现在你再让我去学我也学不会啊。只能说找一些出力的体力活，也不能干长久，人家地里要是没活了，我们也只能在家里闲着，赚的那些钱也只够花一段时间的，还不是不稳定嘛……

待业妇女年龄普遍偏高，文化程度低，再学习能力低。她们年龄普遍集中在 40～55 岁，很多都是小学学历，文化水平低。同时这个年龄段的妇女因为年龄的问题，很多的企业或者单位都不愿意再招收，因为年龄大的问题，再学习能力相对也要下降很多，很多新的知识和新的工作内容已经超出了她们的接受能力，导致她们无法很好地更新自己的知识储备，提升自己的工作能力。在失去土地之后，她们以往的工作技能很难再适应现在快速变化的时代，导致很多人找不到合适的工作。

> 居民（WGH）：我现在年龄大，手脚也没有以前利索了，我家孩子之前教我用那个智能手机，我也用不来。我之前也找了工作，去我们对面那个小区里面当保安，我们有很多的姐妹都在那里当保安。但是那个要求很严的啊，我之前就因为培训的时候学不会，结果在考核的时候把我刷了下来，像那些年轻一些的都能很快学会，我年龄大了总是学不会那些东西……

2. 社会资本缺失，就业服务滞后

（1）政府相关就业培训服务不到位。在征地之后，政府只是简单地给予居民一定的经济补偿，并没有提供相关的就业培训。在对社区居民的访谈中发现，很多人都表示政府的补贴只能维持一段时间的生活开支，对于长远的消耗来讲意义并不是很大，他们需要的是就业，需要的是长远的支持，只有这样他们以后的生活才能得以维持。在对社区居委会进行访谈之后也发现，虽然政府会有一些相关文件要求对居民进行就业培训，可是在后面的执行过程中就出现了执行不力的问题，导致这些政策并没有落到实处。

居民（QJS）：对于我们这些农村妇女来讲，除了会在家里种种地、照顾照顾孩子，你说我们还能干啥？在征地后上面（政府）也有一些培训，就是给我们发了一些文件，上面的字我认识的也不多。我家孩子告诉我说是政府组织了什么技能培训之类的东西，一开始我觉得这还是挺好的，这样我也可以去学学，方便以后我也能找一下（份）工作。可是就那段时间听说了这个事情，后面就没有了，什么技能培训也没有弄……

社区工作人员（ZSS）：在征地后政府确实要求我们做好失地农民的就业培训工作，我们也是认真积极地做了。在我们村主要是有比较多的妇女没有工作，所以我们也响应上级的号召和上面的文件精神，在社区搞了一次糕点培训，当时来的人也是挺多的，大家学得也非常开心。可是后来我们再弄什么就业技能培训的时候就很少有人来了，大家都说没什么意思，也学不到什么东西，那你说这种情况我们能怎么办？甚至有的时候我们开展这种活动请人都没有愿意来的，还要给他们钱，他们才会来……

（2）就业信息提供不足，就业机会缺乏。通过对社区失地妇女的了解我们发现，她们获得就业信息的途径主要以亲戚、朋友介绍，广告为主，占42.5%，其次是通过社区提供的就业信息，占18.3%，亲戚朋友介绍成为她们找工作的主要渠道，由此可见她们很少通过正规的就业渠道去寻找工作，主要是通过亲戚、朋友的介绍或者一些广告上说的招聘信息，但是非正式途径提供的招聘信息往往安全无法得到保障，很多人都有被骗的经历。在被问到为什么不通过社区提供的就业信息去找工作时，很多人的回答是待遇不好、要求高。

居民（WWP）：我们找工作都是通过自己的朋友或者亲戚啥的介绍的，这样的比较靠谱一些。有的人看到那些墙上贴的小广告啥的，待遇看着可好了，有的人就去了，结果就被骗了很多钱，反正我是不会相信那些小广告的。之前我跟着我的姐姐去隔壁县城打工，在那里刷碗，一个月还挣不少钱呢，就是太累了，我就回来了。我们社区居委会也提供了一些就业信息，我们一开始都觉得既然是居委会提供的工作，肯定是不错的，就有很多人报名去了，结果发现是环卫工作，天天在马路上打扫卫生，工资也不高，很多人就不愿意去了。后来社区再提供什么就业信息也没人愿意去了解了，（提供的）都是一些待遇不好还特别辛苦的工作，没人愿意干……

通过对社区失地妇女的访谈以及对社区工作人员的了解，我们可以看到导致失地妇女就业出现问题的不单单是征地的问题，很多也和她们自身以及社会环境有关。在她们原有的生活被打破之后，其原来的就业观念以及就业能力都受到了很大的冲击，很多人无法适应现在的角色，导致其就业出现问题。

3. 农民与市民的角色转换和身份认同危机

（1）土地被征后居民身份的变化。W社区居民在失去土地的同时身份也发生了变化，由原来的农民变成了现在的城镇居民。身份的变化不仅意味着社区居民不再拥有土地，同时意味着他们以往的生活方式和生产方式也发生了巨大的变化。他们不能像以前一样依靠土地获得收入并支持自己的日常生活开支，而不得不寻求新的生存手段。这种变化并不是顺其自然发生的，而是一种强迫的、被动的变化，这种突如其来的身份上的变化同样对居民的心理认知层面产生了很大的影响。对于很多居民来说，自己是"农民"这一点从未发生改变，只是现在不再拥有土地。这种身份上的变化导致很多居民无法适应新的生活，尤其是身份上的转变带来了生产和生活方式的转变，他们以往根深蒂固的传统农业的生活方式仍然没有转变过来，其长期依赖的用来谋求生活的劳动技能无法适应新的身份，导致其就业出现很大的问题。

> 居民（WGH）：虽然很多人都说我们现在是城里人，可是你看看，哪里发生啥变化了啊？我还是一个农民，我也只会种地，现在连地都没有了，你说我能去干啥啊？我想种地可是没有地，你要说我是城里人可我也不会人家城里的那些东西啊，人家都是在单位、在公司上班，我也不会，我总不能去人家公司里面去种地吧，哈哈哈……（这位居民在说完这些之后无奈地笑了）

（2）失地加剧社区妇女的心理冲击和自我认同危机。就业是链接个人与社会的一个重要方式，通过就业，人们可以与社会保持着正常的联系，通过就业，人们不但可以获取到自己需要的物质报酬，更为重要的是可以与这个社会的发展保持同步，及时地更新自己的知识、提升自己的能力、促进自身的发展。在转型社区中，很多妇女因为失去土地之后很难就业，只能待在家里，个人与社会的发展脱节，无法获取到最新的信息和知识，这对其自身能力的发展带来非常不好的影响。个案访谈发现她们大都不喜欢主动与他人交流，甚至害怕出门。因为没有工作，加上很难获取到外界的新信息，她们与那些有工作的人交流的时候也是不知道说什么。长期没有工作会带来心理压力，降低自信心和认同感，影响社会交往和社区融入。

（3）失地导致家庭收入下降，生活开支上升，家庭经济压力增大。在有土地的时候，她们可以通过种植农作物或者经济作物来获取收入；在征地之后，由于没有合理有效的就业安置，政府只是给予一定的经济补偿，长期待业使失地妇女陷入隐性失业的困境，增大了家庭经济压力。寻求新的就业途径成为失地妇女的刚性需求。很多的家庭都反映虽然政府给予了经济补偿，但是对于她们来说也只是一时的，没有了土地自己就必须要就业，同时因为社区转型、土地征用，以往的农村生活也随之受到冲击，以前大多数生活品是自给自足的，现在没有了土地，像大米、蔬菜等这些生活必需品都要去市场上用钱购买，无形中增加了生活成本，征地后家里的消费水平直线上升，钱都不够花的。生活成本的增加就必然要求有可持续性的收入来进行平衡，而失地妇女因为没有工作，打破了以往男人在外打工、女子在家种地的平衡状态。在经济收入减半、生活成本上升的情况下，必然导致家庭经济压力增大，也带来家庭关系失衡和紧张。

> 居民（SJ）：我们家以前有地的时候，我都是种植一些蔬菜啥的去街上卖，也能赚不少钱呢，最起码我家里吃菜吃饭啥的可以不用去市场上买了，自己家的地里种的就有，还是绿色食品呢。现在没地了，只能去外面买，现在外面的东西还特别贵，你都不知道现在花钱有多厉害，以前哪有这样花钱的啊，现在啥都要花钱买，家里总是花钱就是不挣钱……

4. 就业与家庭照顾双重压力加剧社会角色冲突

社区妇女往往面临家庭照顾和有报酬工作之间的两难抉

择。个案访谈发现待业妇女回应最大的困难便是自己既要照顾家，还要为家庭分担经济压力。虽然自己的丈夫可以在外面工作赚钱，但是她们也想要通过自己的努力为自己的丈夫分担一些压力。在她们这个年龄段，家里往往都已经有了孙子、孙女，自己的孩子在外面工作，很少回到家里，照顾孙子女的责任就落到了她们的身上，而有的家庭还有老人需要照顾，这样"上有老、下有小"的局面导致她们在工作上很难有更多选择。她们往往会选择离家近、工期短、待遇较低的工作，因为家庭的原因，很多人都无法从事稳定的工作。这种既要承担照顾家庭的责任还要为家庭分担经济压力的情况在社区的失地妇女身上是非常常见的。

调研发现，一些社区待业妇女并不是因为工作能力弱或缺乏工作意愿，而是家庭的需要导致其不得不放弃工作。尤其是近两年 W 村在滇池生态建设规划中面临拆迁，根据新的住房补偿政策，人均提供 80 平方米住房。于是村民为了得到更多的住房面积，积极地开始生二胎，因而导致很多妇女要照顾孩子。还有的是要照顾家里老人，在以往有地的时候，她们可以一边忙着地里的工作，一边照顾着家里的老人和孩子，现在地被征收之后，只能放下外面的工作，全心全意地照顾家庭。

> 居民（WGH）：像我这个年龄，今年（2017 年）已经 47 岁了，我家之前有个孙子，一直都是我在照顾着，家里的儿媳妇在外面工作，基本上不在家，以前有土地的时候我可以边干活边带孩子，现在没有土地了，本来想着孙子也大了，我可以出去干点啥帮助家里赚点钱，可是现在儿媳妇又生了二胎，那你说怎么办？我只能不干了啊，帮助他们看孩子，再说了，我家上面还有一个老祖，今年

（2017 年）都已经 80 多岁了。你说家里哪里离得开人啊……像我跟你说的，我家里媳妇儿生了二胎，家里还有老祖要照顾，你说这种情况能怎么办？其实我是很想出去工作的，本来以前也是种地，经常在外面忙碌，都已经习惯了，现在没什么地要种了，我也是闲得不舒服，老想着出去找个工作啥的干干，自己还能赚点钱花。可是你说我要是出去工作了，家里怎么办啊，也没个人照顾着。儿子吧，工作不稳定也赚不了多少钱。现在儿媳妇儿生了二胎，孩子还要喝奶粉、用尿不湿啥的，处处都要花钱，就指望着孩子他爸在工地赚那点儿钱，也是不够花的。我要是能出去干点活也能给家里赚点钱，帮助家里缓解缓解压力，这样孩子他爸也能轻松一些，可是现在这个情况也是没办法……

妇女失业影响家庭关系的稳定。在社区转型之前，很多家庭都是女性从事着农业种植，而男性则是在外工作，这种家庭分工在征地之后受到了冲击。由于没有土地用来耕种，很多家庭女性失地后因为自身能力等原因一直没有合适的工作，家庭的经济压力就落在了丈夫的身上。很多家庭因为经济的原因发生了争吵，因为女性没有工作，虽然女性承担着全部的家庭照顾的责任，但是这种没有带来经济效益的工作在人们眼里就被忽视掉了，导致女性为家庭做出的贡献难以被认可。有没有工作就成了衡量一个家庭妇女贡献大小的重要指标，由此导致很多家庭因为经济问题发生了矛盾，家庭的稳定受到了冲击。

居民（WGH）：最近我们村有一家夫妻吵架了，因为女的没有工作不能挣钱，加上男的挣得也不多，家里花钱也比较多，女的就埋怨男的不能挣钱，结果被男的给说了一顿，说一天到晚只会在家里待着，也不能出去赚钱，虽然自己挣得不多但是也比连工作都没有的人强，就因为这个两人发生了争吵，差点打了起来，最后社区居委会的调解人员出面才解决了呢。你说那女的不能出去赚钱能怪谁啊，女的也想出去赚钱啊，可是没什么工作能让她去做，还要照顾家里，压力也是很大的……

（二）转型社区待业妇女的有利因素

1. 生活经验丰富、择业观务实、勤俭持家、吃苦耐劳的女性价值和工作伦理

在调研期间，通过对社区失地妇女的访谈和对她们生活的细致观察，我们发现在她们身上有着劳动人民最朴实的特质，吃苦耐劳，积极向上，对生活充满了希望。虽然没有很好的工作可以让她们来做，但是只要有赚钱的机会，哪怕是再苦再累的工作，她们也会努力地去做、去尝试。她们通过自己的辛勤工作为她们的家庭带来了收入。在社区安置就业的时候，有工作是环卫工人，因为工作辛苦待遇也不怎么好，很少有人愿意去做，但是社区部分失地女性却很乐意去做，对于她们来说，这样一份工作是来之不易的。

2. 具备一定的受教育水平，具有较大人力资本提升空间和就业潜能

社区资料数据显示，这些妇女初中文化以上的占六成，具备较好的学习能力和提升空间，可通过职业技能和社会技能培训，引导她们从事需求缺口大的专业化社区老年照顾等相关社会服务工作。

3. 丰富的潜在的社区社会资源优势

W社区附近就是大学城，拥有云南大学等高校社会工作专

业资源和志愿者资源。同时，省妇儿工委通过政府购买服务，开展专业化社工机构实务介入项目，支持社区儿童之家的建设。社区管理部门及社区居民对社会工作具有一定的认同和接纳，该社区具备开展专业化妇女就业促进服务的优势和潜在资源。如何整合政府（妇儿工委、民政）、居委会、社工机构、高校、专业研究机构的资源，为社区待业妇女提供专业化支持，提供就业支持服务和家庭发展计划，是亟待关注解决的社区问题。

五 转型社区待业妇女就业促进小组实务

（一）建立阶段：确立组员角色与身份，建立规范与信任

在 W 社区待业妇女中招募 9 名组员，由 2 名社工（云大社工系专硕研究生）带领，在社区儿童之家和养老服务中心组织两次小组活动，每次时长 70 分钟。设计破冰游戏，使组员相互认识，并以"分享生命史，讲述生活故事"为主题开展活动，其间 1 位组员要去接孩子无法按时参加。由组员讲述生活故事。例如 G 大姐讲述了自己和丈夫认识的经历，在讲的过程中其他组员都很认真地听着，也主动讲述了自己成长过程中有趣的事情。在分享了彼此的生活故事后，组员开始的拘束和紧张得到缓解，她们在相对轻松的氛围下交流。引导组员共同制定下期活动参与规则和内容。由于组员们都在一个社区，比较熟悉，因此社工带动大家一起进行讲述和分享，还是比较顺利的。用一位组员的话来说"这个活动就是让我们来唠嗑呢"。组员都非常乐意讲述自己的所见所闻，已经不需要社工进行引导，大家很快就打成一片，在你一言、我一语的氛围中讲述着自己的生活，讲到开心的事情大家一起哈哈大笑，遇到一些成员经历困难，其他的组员都会主动安慰鼓励。

但是，难的地方在于如何鼓励组员敞开心扉，引导她们讲述自己内心深处的故事。有三位成员出于对自我隐私的保护，没有主动讲述自己的生命故事。地方方言也成为带领小组的又一难题。由于组员年龄相对较大，她们只会云南本地方言，开始社工只能听懂一部分，需在她们讲述过程中反复确认组员的语言表达。居委会的大学生村官 F 主动要求加入我们的小组活动，帮助我们小组解决语言问题。

（二）发展阶段：减压小组活动和激励小组活动

以"诉苦"为主题，开展减压小组活动；同时传递正向激励，让她们分享就业成功经验，组织两次小组活动。小组活动围绕就业中遇到的困难和自己是如何解决的展开。其中组员 D 分享了自己的工作经历：

> 组员 D：我们找工作时，刚开始还是挺好的，安排我们去当保安（在征地后有一批政府安置就业，在旁边的公务员小区做保安）。一开始我听说还挺高兴的呢，毕竟也不是多辛苦的工作。我听我家亲戚说她们在那边当保安都是很轻松的，又不用干啥活。我是非常乐意去的，去了之后呢，也是干了一段时间，过了有一个月，那个小区的保安公司说什么要考试，考得不好的就不能在这干了，考试的时候我也不会，我们一起去的那几个人都没有考过，我们就被辞退了，就发了一个月的工资。她们都说那是人家故意骗我们的，就是不想要我们这样的年龄大的、文化低的，你说气人不？后来再找工作就难了……

在小组活动中，很多组员都反映说之前的那次政府安置就业看着是挺好的，其实后面慢慢地就都失业了，都是被各种理由给辞退的。更有效地推进政府安置就业政策，需要社区专职社工提供更为专业的支持，以增进政策实施的有效性。

社工开始引导组员们分享自己是如何解决就业遇到的困难的。很多组员是沉默的，组员应对就业困难的能力相对较低，只有个别有丰富工作经验的组员讲述了自己是如何找到工作以及自己是如何解决困难的，其他组员十分投入地、安静地听着，并表达认同和赞赏。组员A讲述了在征地后做过很多工作，由开始的到处碰壁到现在的工作稳定、收入也不错，中间遇到了很多找工作的困难，也锻炼出了很好的就业能力。

本次小组活动的主题是组员非常熟悉的，就是让大家"诉苦"，讲出自己心中的压力，引起组员之间的共鸣，建立信任和联系；同时分享成功经验，激励、启发组员进行自我反思，激发小组成员的潜能，营造组员之间互帮互助的氛围。

小组活动过程中的问题：一是有的组员因接送孩子上下学或其他家务事，出现临时离开活动现场的情况；二是因活动场地是在社区居家养老服务中心，有很多老人在此打牌、下棋，经常会围观我们的小组活动，跟认识的组员交谈，打断小组活动的正常进程。

（三）拓展阶段：技能提升与职业生涯规划

（1）就业技能与社会技能提升：面点制作工作坊

参加者：社区居委会工作人员、高校社工、社区养老服务中心工作人员、社区妇女。

活动地点：社区居家养老服务中心的厨房，由中心厨房的厨师进行指导。L师傅示范和面与样式设计、组员参与设计、蒸煮、作品发布、合影留念。然后组员自由发挥设计样式，共同参与活动。L师傅开始手把手地指导组员如何把兔子的造型做好，组员们自由发挥，设计各种各样的动物还有生活用品等样式。面点蒸熟后的形状各式各样、五花八门，大家的想法都非常独特。

活动反思：①有趣且有用的技能培训活动受到社区居民的认可和欢迎，社区居民参与积极性很高。面点制作是学习新的劳动技能，在动手的过程中组员们能够有更加直接的体验，整个活动组员们都处于一种开心兴奋的状态，个别在平常小组活动中内向、拘谨的组员也格外积极活跃。②由于这次活动是和社区居委会一起开展的，参加的人员不仅有我们的小组成员，还有社区的其他居民。社区活动需要积极带动更多志愿者的参与，以便能够有效把控活动节奏和现场秩序。由于没有考虑到会有这么多人来参加活动，准备的材料不够，很多人只能在旁边围观，没有参加活动的人难免有遗憾和抱怨。③优化活动设计环节和细节。有的居民觉得做起来比较困难或自己不会做某个造型，就直接放弃面团离开现场；还有因误拿了别人做好的成品，参加者之间发生了分歧和争执。活动设计环节应改为分享或交换作品和共同制作设计作品，以及激发参与兴趣的比赛环节，这样更符合社工的共享、合作、互助的价值理念，也有助于培育互助合作的社会交往技能。

（2）就业信息和就业支持政策资讯

组织就业咨询讲座，开设"失地妇女就业"宣传专栏，提供就业信息。

在社区居委会的宣传栏增设"失地妇女"专栏，定期发布失地妇女相关的知识、政策资讯，倡导保护失地妇女的权益，鼓励妇女积极收集、撰写资料，培养、宣传成功典范，增强失地妇女的参与意识、维权意识和发展意识，为失地妇女就业问题的解决营造一个良好的社会环境。

社工带领组员了解呈贡区出台的扶持涉农居民创业就业相

关政策。2017 年呈贡区政府制定实施了关于扶持涉农居民创业就业的相关意见①，通过鼓励自主创业、促进就近就业、服务外出就业、整合培训资源、打造服务平台、提高社保水平、加大资金保障等方法对失地农民的就业进行支持②。很多组员都表示从来没有听说过有这些政策。有的组员反映说其实这些政策都会发放到社区，只是自己没有注意过，就算注意到了自己也认不全，家里人也不愿意读给自己听，所以就忽视掉了这些信息。组员们表示这些社会政策非常有用，可以帮助她们解决很多问题，希望我们能更多地提供一些她们所不了解的社会政策资讯。

活动反思：①政策传递和倡导是社区社会工作的重要组成部分，社区社会工作者承担政策传递沟通的重要功能，可提升惠民政策在基层社区的可及性和有效性；②社工要加强对相关就业促进政策的系统评估，提升政策倡导小组的实效性和专业性。我们对目前社会政策的了解不够系统深入，如关于地方政策到底有没有落到实处、为什么没有落到实处，另外，目前还有哪些能够帮助失地妇女的社会政策。同时，社会政策也是相对宏观的文件，在具体应该怎样能够帮助到涉农居民方面社区的大学生村官做了重要的补充。

（3）职业生涯规划活动

在之前的小组活动中，我们对组员的就业经验和就业中遇到的问题进行了分享与讨论，很多组员对自己要做什么和能做

---

① 《中共昆明市呈贡区委、昆明市呈贡区人民政府关于扶持涉农居民创业就业的意见》（呈发〔2017〕8 号）。

② 对涉农居民在呈贡区内从事个体经营连续满 1 年的，每年优选 200 户给予每户 1 万元一次性创业补助。对于缺乏资金的可优先享受现行失业人员创业担保贷、贷免扶补、党员创业致富贷款、微型企业创业培育工程等民生贷款相关财政贴息政策。

什么没有清晰的认识。我们拟定以"我的职业规划"为主题的活动，由社工为组员们讲述职业规划的概念以及如何为自己做职业生涯规划。在刚开始的时候很多组员说我们都没有工作，如何才能做自己的职业规划呢？社工回应："虽然现在你们暂时没有工作，但职业规划对于一个人的就业来说非常重要，在找工作的过程中首先要知道自己的兴趣爱好，以及自己适合什么样的工作，才可以为自己制定合理的就业目标，才有努力的方向。"由于组员年龄较大和文化水平相对较低，社工围绕职业生涯规划进行深入浅出的讲解，组员之间讨论20分钟，有的组员主动为他人出谋划策，最后社工邀请组员对自己制定的职业规划进行分享。

活动反思：小组设计中我们想当然地用职业生涯规划这个概念为组员们提供就业辅导，但是这个概念对于组员们来说还是较难理解且有距离的。能够找到一份稳定的工作就非常不错了，大多数组员并没考虑兴趣爱好，能够赚钱、能够为家庭减轻经济压力才是首选。所以职业生涯规划对于组员们来说有些不切实际。职业生涯规划对组员来说更多意味着只是美好愿景。

（四）结束阶段：强化成长与改变

活动过程：组员分享自己参加就业促进小组以来的改变。最后一场小组活动，气氛有些沉默，社工开始引导组员，告诉大家在我们结束小组活动后，组员们可以自主地组织继续开展活动。我们和社区居委会协商，希望居委会能为小组成员提供场地支持。小组活动的气氛慢慢好了起来，紧接着便有组员开始主动讲述自己的改变和感受。

组员 A 讲述了自己的改变：

作为有工作的组员，首先，在日常工作中，其实自己对工作也是有着很多的不满意，在和大家经过这么多的小组活动之后，认识到了很多的组员仍然因为工作在努力，觉得自己不要总是埋怨，要把自己手里的工作做好。

组员 D 讲道：

之前自己对一些关于涉农居民就业的社会政策不了解，总觉得自己像是被抛弃了一样，对于找工作有些心灰意冷，通过小组活动，才发现原来有很多的社会政策在支持和关心着我们的就业和生活，要充满信心，毕竟现在有着很多好的社会政策，要努力提高自己的就业能力，找到一份好的工作。

组员们分享了自己的改变和整个小组活动的感受，有的认识到知识的重要性，表示之前从来没想过文化水平的问题会给自己带来这么多的不便，在以后的生活中要跟自己的孩子多学习；有的成员表示自己以前的性格是很内向的，很难找到知心人说话，通过小组活动认识这么多的组员，和组员们在一起为了一个目标努力，希望自己能在以后的生活中多和组员们加强联系。社工带领组员进行总结和分享，通过小故事活跃气氛，处理离别情绪，为大家的参与和改变表示祝贺。最后，全部小组成员一起在留言墙上写下自己对未来生活的美好愿望。

活动反思：组员在参与中建立信任，培养友谊，甚至对小组在情感上形成依赖。社工引导及时处理离别情绪和过度依赖，挖掘培养社区领袖，建立妇女就业互助合作网络，形成长效工作机制。

妇女就业促进小组活动的设计如表 5 – 1 所示。

表 5 – 1　转型社区妇女就业促进小组实务（2017.10~12）

	问题与需求	介入方案	服务内容	介入目标	反思
10.16~10.30 建立阶段（破冰期）	社区参与不足；焦虑、自卑、自我封闭；弱势且边缘化	破冰游戏；生命史叙述；故事分享	招募组员；组员相识；建立信任	形成小组角色；制定参与规范；激发互动表达；建立同伴支持	方言障碍；组员接纳和信任
11.01~11.30 发展阶段（形成期）	就业技能；社会技能；人力资本薄弱	就业经历分享、诉苦、减压；就业成功经验分享，正向激励	就业技能训练面点工作坊；就业经验分享	增能，提升就业技能和社会技能；增进自信心和认同感	小组活动设计环节需细化，更好控制活动节奏；设计提供有用的就业技能
12.01~12.20 拓展阶段（发展期）	就业指导缺乏；就业信息匮乏；就业渠道不畅	职业生涯规划；就业政策分享	职业生涯规划讲座；提供政策资讯；就业资讯宣传栏："聚焦信息——我们在行动"	纵向发展制度资本，带动决策融入人；横向链接社会资源	生计需求优先职业生涯；体验式教育；专业资源薄弱；政策倡导乏力；赋能和充权
12.21~12.30 结束阶段（成熟期）	避免依赖感；增进信任感；培育志愿者；新的互助网络	离别游戏；分享；挖掘培育小组领袖	"说出来、写下来"分享改变和成长；合影、留言化解离别情绪	强化成长和改变；发展社区社会资本；构建社会支持网络；处理离别情绪	发展可持续化的服务模式；建立发展社区专业化妇女服务机构

六　实务评估

（一）妇女就业促进小组的专业优势

在每次小组活动结束后，社工都会对小组活动进行评估，组员对小组设计方案、体验和收获进行过程评估。总体而言，小组方案和内容适切回应组员在就业过程中的困惑和需求，可提升其学习能力、交往能力，构建其社会支持网络，提升其就业竞争力。小组实务增进了组员之间的互动，丰富了休闲生活；提升了社区参与效能，增强了就业政策的可及性和有效性，传递了对边缘化的社区待业妇女增能和赋权的社工理念。组员对小组活动做出如下中肯的评价。

> 你们弄的这些活动我们比较喜欢，平常我们都是忙着家里的事，也没时间在一起。现在你们这个活动把我们这些没有工作的妇女都聚在了一起，我们也能一起说说话……（组员 WS）
>
> 上次我儿子问我来这里是干啥来了，我跟他说我是来学习来了，哈哈哈。我觉得就是来学习了，你看你们讲了很多的那些什么找工作的政策啊，还有工作目标啊，我以前都没有听说过，我觉得非常好……（组员 XP）
>
> 我觉得活动挺好的，就是我跟你们说个事，你看我们家里都比较忙，老是记不住啥时候开活动。我觉得你们可以通过微信群啥的告诉我们一声，我们可都是有微信的，跟你们年轻人一样。你通知了我们，我们就能准时来了，不然老是忘了时间……（组员 HM）
>
> 真的是辛苦你们了，经常过来跟我们一起。平常我们

在家里的时候，都有人问我们来这里做的是什么活动，看着挺有意思的，有好几个都想来呢，我觉得这个活动很不错……（组员 JN）

特别是"失地妇女就业专栏"不仅能够提供资讯，促进社区参与，而且可挖掘培养待业妇女的潜能。

我以前也没参加过这样的活动，我发现还是很有成就感的，我不但自己知道了很多的工作，也给其他人提供了很多，大家都能在一起，这样我们知道的工作信息就会非常多……（组员 LZ）

刚开始你们来的时候我还以为你们是干啥的呢，原来是告诉我一些工作（信息）啊，我觉得非常好。这样我就能跟着你们找到一些好的工作，正好是我需要的。我也想跟你们一起去寻找工作信息……（组员 HY）

大家推举我作为领头人的时候我还是挺激动的，我希望我们能一直把这个活动做下去，这样就能帮我们社区里很多的人找到工作了……（组员 CP）

（二）局限和反思

第一，单一依靠高校社工开展的服务工作只能是抛砖引玉，亟待依托社区专业化服务机构开展系统化的就业促进活动，只有这样才能真正有效解决待业妇女的困境。前期的需求评估发现，社区待业妇女急需的是获得有报酬的工作，为家庭减轻经济压力，但是小组活动基本能够带动组员转变就业观念，引导和激励待业妇女，提升其就业信心，挖掘组员的自我潜能。但高校社工力量微弱，难以惠及社区更多的待业妇女，且实务工作缺乏可持续性。小组活动看着非常热闹，但是离满足服务对象的真实需求、达到解决现实严峻就业问题的迫切社会目标，依然任重道远。实务工作的一些方案是社工的"自以为是"，要继续加强个案需求评估，专业要扎根社区，才能保障服务提供的适切性、针对性和有效性。

第二，进一步提升社工带领小组的专业技能，寓教于乐，传递社工价值，增强待业妇女身份转变的自我认同感，培养市民素质。小组工作是社工最重要的实务技能，在实践应用中对社工有着较高的专业要求。例如，在小组建立阶段，组员往往会因保护隐私不愿意分享自己的经历，特别在含蓄内敛的农村社区文化背景下，如何引导组员敞开心扉、积极表达交流是需要考虑的重要内容。通过优化活动环节改变小组内部分化（小团体与排他），在游戏细节中传递社工分享、合作的专业价值，以"大家的""共享的""公共的"等"致善"的公民价值理念代替自私、小我、自卑、狭隘的观念，是促进转型社区妇女从农民向市民转变的重要因素。

第三，社工扮演政策的沟通者、协调者和倡导者角色，链接资源，丰富社区就业资讯，促进社区整合，提升社区凝聚力，践行社会公平正义的发展理念。社区居委会的大学生村官加入小组协助开展工作，解决了社工不能完全听懂本地方言的问题，也带给我们更多的政策资讯。但随之而来的问题是在大学生村官面前，组员很多话不愿意讲，开始变得拘谨和顾虑重重。在组员的意识里，大学生村官代表的是政府，她们害怕会被打小报告。社工要在组员-村官、居民-社区居委会、服务对象-基层政府之间，扮演重要的沟通者、协调者角色，拉近基层政策管理者和居民的距离，避免转型社区居民（特别是待业妇女）对政府诟病和抱怨，化解矛盾和紧张关系，改善干群关系，提升社区的整合性与凝聚力，促进就业政策在社区的有效落实，提高公共政策的运行效能。

（三）政策意义

第一，构建政府主导、社区参与的多元化就业服务体系。转型社区妇女的就业问题涉及很多方面，需要市场、政府、专业机构及社区广泛的社会参与，构建多元主体的服务体系。（1）在多元服务体系中，政府相关职能部门在就业促进政策制定及实施中发挥主导作用，可通过向专业化社工机构购买服务的方法，开展就业促进服务工作，只有这样才能促进政策落地，才能使就业支持政策真正惠及转型社区待业妇女。（2）积极发挥社区社工的政策倡导功能，对转型社区妇女就业问题进行科学、细致、动态的评估管理，以制定契合失地妇女需求的政策方案和服务计划。（3）社区是失地妇女的现实场域，是社会工作者开展社会服务的重要平台，所以，要充分发挥社区自治组织的作用，积极调动社区潜在资源，统筹和协调社区居民自助互助组织积极参与到失地妇女就业问题解决中，开展多元化的服务活动，改变单纯依靠政府的被动局面。

第二，开展有针对性的职业技能培训，提高失地妇女的就业竞争力。失地妇女因文化水平和劳动技能偏低，缺乏非农就业岗位所需要的劳动技能，从而在就业中处于弱势地位，很难适应新的就业环境。社工积极发挥链接资源、提供社会支持的作用，整合政府就业部门、专业培训机构、用人单位的资源，积极开展切实符合失地妇女的劳动技能培训，提升其就业技能和社会技能。同时倡导政府将失地妇女纳入城镇下岗人员再就业培训体系，根据不同的年龄阶段和文化层次，有针对性地安排就业技能培训，提升失地妇女的就业竞争力，积极引导她们从事社区照顾、家庭服务等需求量大的基础性的服务工作，通过有报酬的工作，促进失地妇女的社会融入。

第三，以促进家庭发展为目标，加大对转型社区失地妇女的社会支持。失地妇女在就业中处于最弱势的地位，承担照顾家庭和增加家庭经济收入的双重压力。但是目前对于转型社区就业问题的关注，更多的是偏向于社区中的男性失地农民，对失地农民中女性的关注和支持不足。所以要将家庭发展政策和妇女就业促进政策结合起来，既要重视女性的积极社会参与及市场参与，也要兼顾家庭照顾的社会角色，提高家庭成员对失地妇女的理解和支持，增强失地妇女在身份转换中的自我认同，提升其在就业市场中的适应能力，更好地平衡家庭照顾和自我发展的双重角色。

第六章

提升转型社区留守儿童抗逆力实务研究[*]

  本研究以昆明市 W 村小学高年级（四五年级）的留守儿童为研究对象，采用个案访谈和问卷调查的方法，评估留守儿童在父母外出后在学习、心理及个性发展方面面临的挑战，并对比分析留守儿童与非留守儿童抗逆力水平的差异。本研究依托社区儿童之家开展抗逆力实务小组，增强留守儿童的效能感、乐观感、归属感，激发并提升留守儿童的抗逆力，使留守儿童树立自信心、肯定自我价值、构建社会支持网络，从而成功地应对生活和学习上的挑战，健康快乐地成长。

  W 社区儿童之家成立于 2016 年，是在省妇儿工委的支持下开办的。儿童之家采取政府购买社工服务的方式，依托云南省青少年博雅研究中心开展儿童社工服务，云大高校社工作为志愿者参与该机构的儿童服务工作。为 W 社区儿童提供学习辅导、课外游戏、卫生保健、心理咨询、生命教育课程等一系列的专业化服务。W 社区的大部分村民具有较好的农业种植经验，将征地后获得的拆迁补偿款作为资本，到昆明周边区县

---

* 本章实务研究基于云大社工专硕 2016 年专业实习项目，感谢笔者的研究生王喜、王瑞雪、张俊强及其实习团队承担研究工作，感谢云南省青少年博雅研究中心主任张绍东老师的支持。

（安宁、玉溪等）承包土地，从事农业集中经营，种植大棚蔬菜、鲜花等经济作物。所以，W 社区出现父母外出租地、由爷爷奶奶隔辈照管的留守儿童。社区留守儿童的家庭经济条件并不差，其主要面临陪伴缺失、亲子互动不足、家庭照顾功能失衡等问题。该村因为位于滇池附近，是环湖生态保护的拆迁区，但是大部分的居民还没有搬离该村。截至 2017 年，该村有一所公立小学，每个年级只有一个班，三年级 44 人，四年级 38人，五年级 38 人，六年级 36 人，一到二年级学生只有十几人。

一 关于留守儿童的研究

流动人口的家庭化迁移所带来的亲子关系一般有两种，一种为随迁，也就是跟随父母进入城市，另一种就是留守流出地。针对留守儿童的问题，目前学术界对留守儿童教育问题的研究较多，由于现今中国的大部分留守儿童处于学龄阶段，受教育情况成为留守儿童研究中的重要内容。

留守儿童的教育过程和结果无法得到实证方面的呈现，学者们针对留守儿童的教育机会现状在教育机会和成绩两个方面得出了不一样的结论。有的学者认为由于农村义务教育的普及，留守儿童的入学机会多于非留守儿童，虽然留守儿童的入学机会大大增加，但是农村教育质量问题、农村家长外出后爱的缺乏，使其在心理、行为等各方面受到影响，表现出作业不能及时完成、旷课迟到问题严重、上课注意力不集中等典型问题，学业质量堪忧，相较于非留守儿童，其学习成绩不乐观。[1] 但也

---

① 段成荣、吕利丹、王宗萍：《留守儿童的就学和学业成绩——基于教育机会和教育结果的双重视角》，《青年研究》2013 年第 3 期，第 50 页；闫伯汉：《乡城流动与儿童认知发展——基于 2012 年中国城镇化与劳动移民调查数据的分析》，《社会》2017 年第 4 期，第 83 页。

有学者认为，农村留守儿童的就学机会多于非留守儿童，学习成绩也好于非留守儿童，父母双方都外出的留守儿童的受教育机会多于其他留守儿童，也多于非留守儿童，但仅母亲外出的留守儿童的受教育机会明显少于其他留守儿童，甚至少于非留守儿童，是留守儿童教育中的弱势群体。[①]

留守儿童问题是"拆分型农民工生产体制"下大规模劳动力迁移的伴生物。[②] 相对于留守儿童，与父母生活在一起的流动儿童身心更加健康，家务劳动承担较少，学业方面受到的干扰也少。留守儿童完整的家庭生活状态被打破，其亲子关系不如流动儿童，在人际关系和自信心方面也不足，并且留守经历对留守儿童今后的工作发展是有很大影响的。在我国城镇化快速发展、人口乡城迁移流动频繁的背景下，农村留守儿童进入高中学龄阶段后会有终止学业的情况出现，其将跟随或"效仿"父母外出打工，身份就从"留守儿童"转变为"新生代农民工"。[③] 并且有研究表明，有留守经历的新工人相比其同辈群体更频繁地转换工作，有留守经历的工人更难适应世界工厂高强度、异化的劳动方式。父母外出打工造成亲子分离，儿童家庭责任感淡薄，但也带来更优越的经济条件和更少的务农经历，由此共同导致了有留守经历的工人频繁的工作变动。[④]

---

① 段成荣、吕利丹、王宗萍：《留守儿童的就学和学业成绩——基于教育机会和教育结果的双重视角》，《青年研究》2013年第3期，第59页。

② 汪建华、黄斌欢：《留守经历与新工人的工作流动　农民工生产体制如何使自身面临困境》，《社会》2014年第5期，第88页。

③ 吕利丹：《从"留守儿童"到"新生代农民工"——高中学龄农村留守儿童学业终止及影响研究》，《人口研究》2013年第1期，第48页。

④ 刘成斌：《农民工流动方式与子女社会分化——对中国人口流动制度设计的反思》，《中国人口科学》2013年第4期，第108页；汪建华、黄斌欢：《留守经历与新工人的工作流动、农民工生产体制如何使自身面临困境》，《社会》2014年第5期，第93页。

二　理论评述

（一）抗逆力理论缘起、发展及其评述

20 世纪六七十年代，随着积极心理学的广泛传播，研究者逐渐开始关注个体心理发展的积极面。关注那些虽然生活在逆境中，但没有被挫折打垮，反而表现出良好的适应能力和抗压能力的儿童和青少年。这种积极的抗压能力受到广大学者的青睐，逐渐开始成为一个相对独立的研究领域，学者把其称为"抗逆力"。国外关于抗逆力的研究共分为四个阶段，第一阶段是产生时期，第二阶段是发展时期，第三阶段是拓展时期，第四阶段是整合发展时期。从这四个阶段的发展过程来看，对抗逆力的研究在内容、视角和对象方面都在发生变化。

第一阶段：抗逆力的研究源自 20 世纪 70 年代以前对处境不利儿童的研究。当时大量的研究都试图去发现生活中的高危因子与精神病患者或者是心理疾病患者之间的关系。许多研究都遵循"线性模式"，即遵循"处境不利—压力—适应不良"这样的研究模式，主要关注的是在危险处境下哪些因素增加了青少年不良的适应结果，即危险性因素。Kopp 把危险性因素分为遗传基因方面和环境方面两大类，包括气质与人格，冲动型，智商和教育成绩低，父母不当的教育方式，虐待孩子，家庭矛盾，反社会性的父母，人口多的家庭，社会经济，同伴、学校和社区影响等因素。随着对抗逆力研究的深入，一些学者也发现危险性因素是积累或者相伴随产生的，各种危险性因子相互交错，一起对个体的心理和身体健康产生影响，产生消极的连锁反应。然而，N. Garmezy 的研究发现，很多来自父母患有精神病的家庭的儿童和青少年，并不像以前研究所呈现的那

样，也会出现精神问题或成长障碍。他由此认为抗逆力的某种特性在心理健康方面所起的作用比人们以前想象的要大。[①] 沃林（S. J. Wolin）等就指出，只有1/3的孩子在面临重大压力时退缩，大约有2/3的孩子并不会那样。[②] 至此，学者就开始致力于这独特现象的研究。20世纪70年代中期，儿童精神病学专家阿索妮（Anthony）研究发现：一些孩子虽然处在父母精神异常的家庭中，但他们却有着健康的心理状态和适应生活的能力，他们被称为"适应良好的儿童"（invulnerable child）。[③] 从此以后，很多的研究开始注意虽然有些儿童和青少年身处高危的环境中，却表现出良好的适应能力。而这些拥有良好的适应能力的儿童和青少年似乎具有某种对抗压力或者某些保护性因素，从而使自己能够免除危险，健康成长。很多的研究者开始研究逆境对个体影响的差异。

　　第二阶段：20世纪80年代中期，研究者开始寻找个体成功应对这些创伤和逆境的保护因子。Garmery归纳了三项保护性因子：积极人格特质的建构、家庭支持系统的建立、社会支持和外在资源的建构。[④] 很多的研究也得出相似的结论。其中以在夏威夷的研究最为著名。Wernerhe和她的同事在夏威夷花费20年的时间追踪在高危环境中仍能适应良好的儿童。他们总结出了三大保护性因子群：（1）智力正常和具有能引发被人肯定反应的倾向性特征；（2）与父母或祖辈等"替代父母"的情感纽带；（3）存在外部支持体系，个体在体系中获取技

---

① 戴安娜·库图：《有一种力量叫复原力》，《商业评论》2003年第7期。
② Dennis Saleebey：《优势视角——社会工作实践的新模式》，李亚文、杜立婕译，华东理工大学出版社，2004。
③ 田国秀：《抗逆力研究：运用于学校与青少年社会工作》，社会科学文献出版社，2013。
④ 沈之菲：《青少年抗逆力的解读和培养》，《思想理论教育》2008年第1期。

能，获得对生活的可掌控感。^① 其实，从 Garmery 和 Wernerhe 的归纳来看，主要还是将保护性因子分为外部和内部（个体）保护性因素。因此一些学者将保护性因素分为内在和外在保护性因素两类。外在保护性因素主要包括家庭、学校、社区等方面的影响，尤其强调家庭的重要性，在后来发展成为家庭抗逆力。内部（个体）保护性因素主要强调个体的计划能力（涉及问题解决技能、自我控制、自尊和自我评价）、积极的经历和情感认知（积极的态度）等。后来，学者将这些变量、保护性因子和抗压力的能力统称为"抗逆力"。

第三阶段：20 世纪 90 年代以后，生态学说开始兴起。强调对抗逆力的研究不仅局限在个体本身，也要重视个体与环境的互动。研究者开始从个体与环境互动的动态过程来研究抗逆力。Rutter 认为"抗逆力并非一种绝对的能力，拥有抗逆力并不代表个人就有能力抵抗压力，一个人的抗逆力适用于何种压力情景，是增加、减少还是改变，取决于个人与环境的互动"。^② 这说明抗逆力是一种动态的过程。

第四阶段：进入 21 世纪以来，学者对于抗逆力的研究出现了多元的、跨学科的整合分析和实践的特点。笔者通过对抗逆力发展阶段的总结，发现抗逆力在研究视角、研究对象和研究内容三个方面都发生了转变。研究视角从单一学科研究转变为多学科研究。最开始关于抗逆力的研究是围绕神经生物学方面展开的。但是那时候因为生物技术水平有限，不能完全测量大脑和基因的作用过程。所以对抗逆力的研究转向心理学和个体行为方面的分析。21 世纪，随着科学技术的不断提高，抗逆力的

---

① 席居哲、桑标：《心理弹性（Resilience）研究综述》，《健康心理杂志》2002 年第 4 期，第 315～316 页。

② M. Rutter, "Pathways from Children to Adult Life," *Journal of Child Psychology and Psychiatry* (1989), pp. 23－51.

研究超越了以前的研究成果，形成跨学科的研究。研究对象从最开始的儿童和青少年拓展到更多逆境中的人群和组织，从个体扩展到组织，如家庭、社区等，家庭抗逆力、社区抗逆力也相继被提出。研究内容从描述研究转到抗逆力理论与实证研究并重的整合研究，从关注个体的差异到关注多元因素的影响。[①]

20 世纪 90 年代抗逆力理论开始受到国内学者的关注。研究涉及抗逆力的理论发展缘起、模型、测量指标，实务研究侧重不利环境的青少年及其家庭抗逆力的培养[②]。应用叙事疗法甚至精神分析疗法和图像法等实务技能提升抗逆力。研究对象涉及留守儿童，网络青少年、偏差行为青少年、单亲家庭等。

（二）优势视角

优势视角是社会工作实践中新的理论取向，是相对于"问题视角"而言的。优势视角强调关注服务对象的优势和能力，与抗逆力理论一样被广泛应用于社会工作实务研究中。"优势视角的实践要求我们从一个完全不同的角度来看待服务对象和他们的现状，不再是孤立地或专注地集中于问题，而是把目光集中在可能性。在创伤、痛苦和困难的荆棘之中看到希望和转变的种子。其实这个公式很简单：动员案主的力量（天才、知识、能力和资源）来达到他们自己的目标和愿望，这样案主将会有更好的生活质量。"[③] 用著名学者 Saleebey 的话来说

---

① 刘玉兰：《西方抗逆力理论：转型、演进、争辩和发展》，《科学流派》2011年第 6 期。

② 田国秀：《抗逆力研究：运用于学校与青少年社会工作》，. 社会科学文献出版社，2013；张亚兰、刘建娥：《抗逆力视角下流动青少年社会工作实务介入案例研究——基于云南省 HIH 民办社工机构社区服务实践》，《云南大学学报》2015 年第 3 期；范燕宁：《抗逆力在青少年成长过程中的两面性特点——以北京市未成年人社区矫正服刑者的情况为例》，《中国青年研究》2006 年第 11 期。

③ Dennis Saleebey：《优势视角——社会工作实践的新模式》，李亚文、杜立婕译，华东理工大学出版社，2004。

就是："优势视角取向的实践意味着：作为社会工作者所应该做的一切，在某种程度上要立足于发现和寻求、探索和利用案主的优势和资源，协助他们达到自己的目标，实现他们的梦想，并面对他们生命中的挫折和不幸、抗拒社会主流的控制。"[①] 优势视角体现出对人类尊严的肯定。社会工作在评估服务对象的问题时，应当从优势视角出发，发现和挖掘服务对象的优势和潜能，并有效地利用，进而帮助服务对象解决问题。优势视角强调以下几个方面的内容。

个人及其周围的环境都是充满资源和无限潜能的。优势视角强调每个人在生活中都有自己的特性和优点。个人的有些才能和品质在生活中表现得不明显，而有一些则表现得很明显，很容易被识别。因此社会工作者要和服务对象一起来发现个体和周围的潜在的优势和资源，服务对象通过充分利用这些资源，凭借自己的力量来解决自己的问题。

创伤、虐待、疾病和抗争虽然具有伤害性，但它们也可能是挑战和机遇、所有的环境都充满资源。优势视角认为，虽然创伤给个体带来了很大的伤害，但是个体能够在这些创伤中学习技巧，发展能让他们在其中生存并伴随一生的个性特点。社会工作者不应该把孩子看作身处逆境中的被动接受者，而应将其视为积极发展的个体。他们可以通过自身的能力和资源来解决问题，达到自我成长和发展。在以往的研究中，很多学者都认为留守儿童是可怜和值得同情的对象，提出的解决留守儿童问题的方法都是以改变留守儿童周围人为切入点，很少关注留守儿童自身的积极性。而社工认为留守儿童自身也存在很多的优势和潜能，虽然父母外出务工给他们造成了很大的负面影

---

① Dennis Saleebey：《优势视角——社会工作实践的新模式》，李亚文、杜立婕译，华东理工大学出版社，2004。

响，但是这种环境也可以培养他们坚强和自理的品质，因此社工把留守儿童当作积极主动的个体，以挖掘留守儿童的潜能和优势为切入点，提升他们应对困境的能力。

与服务对象合作，我们可以更好地服务于服务对象。在为服务对象提供服务的时候，社会工作者不能以专家的身份来工作。在服务的过程中社会工作者应该是资源链接者、陪伴者、合作者、支持者等。这样社会工作者可以给服务对象带来安全感和信任感，有助于开展工作。社会工作者能更好地和服务对象一起来发现他们自身的优势和能力，寻找解决问题的办法。留守儿童最缺乏的是关心和陪伴，社会工作可以充当陪伴者，关心和了解留守儿童的心理、生活状况，并通过各种方式解决留守儿童面临的问题。

所有的环境都充满资源。人不能独立地生活在环境之外，每个人都生活在家庭、社区、公司等各个环境中。每个环境中都存在资源，有的时候我们往往很难发现这些资源。这些环境为我们提供了生存和发展的资源。这些资源能够帮助个体成功应对困难。同样的，留守儿童的周围存在着各种优势，比如社区对留守儿童的支持，社区愿意为他们专门设置儿童之家，让他们有地方可以娱乐和学习。周围的同伴也是他们很好的支持。

结合优势视角的内容，实务介入的基本维度如下。

可能性——效能感：优势视角认为留守儿童必须摘掉自己歧视性的标签，改变自己是"问题孩子"的这种思维定势，重新认识自己，发现自己的优点和能力。要相信留守儿童自己的陈述、观点和能力，要使他们相信自己的梦想、坚持自己的理想。许多留守儿童被称为"差生"或者被认为有"偏差行为"的人。社工希望通过小组活动，让他们能够充分了解自己的优势和不足，提升他们的自信心，摘掉自己的"标签"，相信自己也可以取得进步和成功。

成员资格——归属感：米歇尔·沃尔泽认为，没有成员资格，就会处于"无限危险的状态"。没有成员资格就会存在被边缘化、异化和被压迫的危险。留守儿童往往被自己的同伴排斥，他们体会不到自己的成员资格，也不能在这个群体中体现自己的能力和责任。社会工作者要把留守儿童看成有尊严和人格的人。充分发挥小组的功能，营造互相支持、互相关心的氛围，让小组成员能够感受到自己被重视和尊重，增强他们的归属感。而成员资格的另一个意思是所有受到不公平待遇的人应该团结起来，表达自己的想法和需求，让他们受到不公平待遇的情况受到重视。留守儿童应该通过自己的努力来表达自己在家庭、学校和同伴之间受到的不公平待遇。通过小组活动，让小组成员充分表达自己在生活中遇到的问题和不公平的待遇。

优势——乐观感：优势视角认为个体和周围的环境都是存在资源和能力的。个体不再只是看到自己本身存在的问题，而是把目光转移到自己可以获取的能力和资源方面，这有利于个体成功地应对挑战和困难，也有利于增强个体的自信心。留守儿童和周围环境也是存在很多可以利用的资源的，要引导留守儿童发现自身的优势和潜能、发现周围的资源，最终使留守儿童能够通过这些资源来成功应对逆境，增强抗逆力。

（三）儿童抗逆力的培养

抗逆力理论涵盖多层次的内容和特征，但最为核心的部分是风险因素的消除和保护因素的构建。[1] 社工认为抗逆力是风险因素和保护性因素之间的较量，如果保护性因素缺失，那么风险因素相对就较高，个体就会很难应对困境和挑战；反之保护性因

---

[1] 韩丽丽：《学困生抗逆力风险因素与保护因素分析——基于对 266 名学困生的问卷调查》，《首都师范大学学报》（社会科学版）2014 年。

素增强，就可以对危险性因素进行有效的控制，个体的保护性因素相对较高，个体就能够很好地应对困难，呈现良好的应对策略。① 保护性因素又分为内在保护性因素和外在保护性因素。内在保护性因素是指个体自身具有的能够应对危机情境、减少问题行为、帮助个体成功克服压力的心理能力和人格特质。外在保护性因素是指个体在自身以外的环境中所具有的促进个体成功调试、积极应对、克服危机、获得良性适应的条件与资源。②

儿童内在保护性因素主要包括：（1）社会胜任力，主要是指与人有效交往的技能，即理解和同感他人的能力、交流和合作的能力、问题解决的能力；（2）自尊和自主性，主要是指自我效能感和自我认同，即自我效能感（自信心）和自我评价；（3）目标感和有意义的感觉，指相信自己的生活既是与他人一致又是独特而有意义的，包含有目标和对生活的渴望两个维度。③ 研究还发现，儿童重要的外在保护性因素主要包括家庭、学校以及同伴群体。具体包括：关心的关系，是指至少有一位成人能够关心、了解和支持他；高的期望，是指能有人经常与其进行交流，并表达相信个体成功的期望，给予相应的支持；有意义的参与机会，是指个体在集体生活中、社会活动中能够有机会参与其中，并在其中发挥自己的作用。④

实务实施的理念：内在保护性因素和外在保护性因素是抗逆力的主要构成要素。因而在实务工作中，社会工作者不仅要从个体自身来增强其抗逆力，也要给个体建立一个支持的环境，从而提升个体的抗逆力。

---

① 裴小茹：《学校社会工作介入外来务工人员子女抗逆力养成——以上海市 MH 区 X 学校为例》，《社会工作》2012 年第 11 期。
② 许莉亚：《学校社会工作》，高等教育出版社，2009。
③ 沈之菲：《青少年抗逆力的解读和培养》，《思想理论教育》2008 年第 1 期。
④ 沈之菲：《青少年抗逆力的解读和培养》，《思想理论教育》2008 年第 1 期。

内部介入——CBO

内部介入包括效能感（C）、归属感（B）和乐观感（O），简称 CBO。

效能感（Sense of Competence）是对自身力量的感受，多与个体自身的成功经验相关，是个体应对困难和挫折的各种技巧，如解决问题、人际技巧、目标订立、情绪处理的技巧。在面对困难的时候，效能感是有效解决问题的元素。

归属感（Sense of Belongingness）反映的是个体对自己与他人关系的感受，归属感源于周围的人对个体的关心、接纳和尊重。归属感像是一个怀抱，给个体提供休息和避风的港湾，当个体不能面对挑战的时候，个体能感受到这个怀抱的温暖，同时获得重新应对挑战的能力。

乐观感（Sense of Optimism）是个体对自己美好未来的憧憬和期待。即便自己现在面临挫折，也始终相信自己能够战胜困难，迎来美好的未来。

乐观感确定生命的方向始终是向上的、积极的；效能感好比生命的力量，是个体应对困难和挫折的技巧和方法；归属感是生命的支持，个人的力量是有限的，当面对不能克服的困难时，它就像一个海绵，能够使我们"软着陆"。CBO 也给我们提供了应对逆境的三种途径：第一是靠自己的能力，即效能感；第二是靠关系，即归属感；第三是靠信念，相信困难只是暂时的，未来是美好的，即乐观感。CBO 是个体应对困难的内在优势和资源，它可以帮助个体成功应对压力和挑战，化解危机。社工通过小组工作的方式来培养留守儿童 CBO，提升他们的效能感、归属感和乐观感。

外部介入——SHP

外部介入主要是给青少年提供支持和参与的机会，"具体包括：关怀的关系（Support Relationship，简称 S）、适度的高期望（High Expectations，简称 H）和参与机会（Opportunities for Participation，简称 P），简称 SHP。SHP 可能来自家庭、学校，也可能是兼而有之或者更为广泛，它们是支撑青少年正面发展的外部支持力量"①。

三　抗逆力实务小组

（一）组员招募及活动方案设计

1. 组员招募

本次小组的招募方式有三种：首先通过问卷的方式来进行筛选，选择 10 名抗逆力水平低的留守儿童；其次是学校老师推荐，老师推荐觉得适合参与小组活动的成员名单；最后是通过参与第一次的小组活动，了解小组内容和目的，然后决定是否参与。通过这三种方式的筛选后，小组成员最终确定为 8 名。这 8 名成员的构成如下：4 名女生，4 名男生；4 名四年级的学生，4 名五年级的学生；2 名非留守儿童，6 名留守儿童。

2. 小组成员介绍

表 6－1 为小组成员基本情况。

表 6－1　小组成员基本情况

	小青	小菲	小佳	小颖	小旭	小林	小腾	小桓
性别	女	女	女	女	男	男	男	男
年级	四年级	五年级	四年级	五年级	五年级	五年级	四年级	四年级

---

① 田国秀：《抗逆力研究：运用于学校与青少年社会工作》，社会科学文献出版社，2013。

小组成员基本情况介绍如下。

小青：父母外出种地，跟爷爷奶奶住在一起。家庭经济状况不是很好。在班里排名基本上都是后十名，而且从三年级开始就如此。平时比较内向，在儿童之家也只跟自己的弟弟玩，不会找其他人玩。在学习上遇到不会做的题都是空起来，也不敢找儿童之家的老师辅导。老师看到后就给她讲题，发现她很小心翼翼。其他同学也总是疏远她，不跟她玩，有一次甚至让她滚开。她很伤心，很多次表示自己都不想来儿童之家了。慢慢接触后发现，她其实是个很懂事的孩子，会帮家里干活，会照顾弟弟，会很在意自己的朋友。

小菲：小菲跟爷爷奶奶住在一起。因为曾经在二年级的时候得过手足口病，住院近一年时间，学习落下了，但是老师还是让她随班升级了。所以小菲上三年级的时候就感觉学习上力不从心。那个时候家长还会陪她一起写作业，后来觉得教不会她，就不再陪她写作业了，而且现在她也经常见不到父母。只有一个要好的朋友，这个朋友学习很好，很开朗，也很关心小菲。小菲说她要是能像好朋友那样就好了。其他的同学总是笑话她，说她笨，老师上课讲了好多遍的题还是不会，说她心都不在学习上。小菲经常被老师批评、罚站。她还曾经被其他小伙伴欺负，甚至都掉臭水沟里了。小菲会反驳那些欺负自己的人和说自己笨的人的坏话，也会尽量还击回去。

小佳：小佳的父母在外地包地种，她跟爷爷奶奶住。从小学二年级开始她的学习成绩就跟不上了，老师曾劝其退学。后来家长不让退学，老师就让她继续上课，但是成绩不计入班级总分。老师也允许小佳抄作业。小佳自己也知道这些情况，但是她还是每次都争取不抄别人的作业，遇到不会的题就问儿童之家的老师。只是她自己不自信，很多的时候没有老师在旁边她不敢写作业，害怕写错，除非老师告诉她，答案是对的她才敢写。同学都欺负她，随便拿她的东西，随便打她，小佳就在自己的位置上哭。她有时候也想和别人一起玩，但是不会表达自己的想法，也不会跟别人沟通，最后弄得别人很不开心，最终的结局就是被打。

小颖：跟爷爷奶奶一起住。小颖是标准的乖乖女，内向，不爱说话，很听家里爷爷奶奶的话，能把自己的事情做得很好。但是不喜欢和周围的人玩，总是自己干自己的事情，基本上没有朋友，独来独往。学习成绩一般，从来没问过儿童之家老师问题。老师对她很关心，因为她以前成绩很好，觉得她还是有希望的。

小旭：跟妈妈住在一起。从三年级开始成绩一直在下滑，基本上是在后五名。每天抄作业，甚至掏钱找朋友替他写作业。自己有空闲时间就去上网，基本上常去的地方就是儿童之家、网吧。在儿童之家找不到他，就能在网吧找到他。母亲对他也不管不问，天天出去打牌、赌博。小旭中午放学回来后，常常吃不到饭，妈妈不回家给他做饭。他也不想回家，有时候在儿童之家待到关门还不愿回去，要在村子里转一圈才回去。他总是喜欢欺负别人，基本上五年级学习不好的都跟他一起玩，而且都得听他的。他上课不听讲、捣乱，是老师比较头疼的对象。

小林：爸妈外出种地，小林跟爷爷奶奶住在一起。他跟小旭关系很不错，会一起打架，会一起去网吧。爷爷奶奶也管不住。小林在学习上也基本上是以抄作业为主，从来不会主动问。他也很内向，平时不问他的话，他就不会说话。他也很少跟其他人玩。大家对他的评价都是学习不好，爱打架。

小腾：跟爷爷奶奶住在一起，父母在外地工作，一星期至少回家一次。父母对他要求特别严格，父母属于控制型的人，每天小腾在哪里都要向父母汇报。小腾比较内向，经常性撒谎，不管是对儿童之家的老师还是对父母。从四年级开始，慢慢地其学习成绩就不好了。他喜欢钻到桌子底下，喜欢一个人自言自语。家长经常打他。一次因为他上课不专心，被家长看见了，家长当着所有的同学的面打了他一耳光，并让他跪着听课。还有一次小腾对妈妈撒谎说他在儿童之家，结果妈妈过来找他，发现他不在。等找到后，小腾被打了一顿，妈妈让其跪在家门口。同学不愿意找他玩，只要他一过来其他人就离开。

小桓：跟父母住在一起，乐观开朗、很聪明。他有自己的目标，长大了想当一个富翁，每天都觉得自己做的事情很有意义。他会在班里卖本子、笔啊什么的。他觉得小朋友经常会丢三落四的，所以他就决定在学校做生意。他每天能把自己的学习和这些事情区分开来。老师都很喜欢他。他超级能说和会说。

3. 小组的性质

小组名称："成长不倒翁"——留守儿童抗逆力提升小组

活动频率：一周一次

活动时间：周六上午9：00—10：00

活动地点：W村儿童之家

4. 小组活动目的

本次小组活动通过系统策略性的服务激发和提升留守儿童的抗逆力水平。具体的小组目标有如下几点。首先，通过小组活动使成员能够更好地了解自己的优缺点，将注意力集中在自己的优点上，肯定自己，学会欣赏自己，提升组员的自信心和自我评价，增强他们的乐观感。其次，通过小组活动使组员学会解决问题的方法、制定目标的方法，提升他们与人合作的能力和效能感。再次，协助组员提升他们的人际交往的能力，学习如何同周围的人进行沟通的技巧，从而促进组员与家长、老师以及同伴建立良好的人际关系。最后，让组员作为志愿者参与到 W 社区儿童之家的管理中，充分发挥组员的这些优势，让组员产生自豪感和归属感。

5. 小组设计方案

留守儿童正处在身心发展的重要时期，父母又在这个重要的时间段外出务工，导致留守儿童原本的身心平衡状态被打破，使留守儿童处于逆境和危机当中。而通过问卷调查分析可以发现，这些留守儿童抗逆力水平相对较低。他们的外部支持相对较为薄弱，家庭支持、同伴支持、学校支持要低于非留守儿童。在内在保护性因素方面，留守儿童存在低自尊的情况，对自己没有信心，缺乏与人合作与交流以及问题解决的能力，对生活和学习缺乏目标感。从问卷分析中不难发现，这些留守儿童面临许多的问题和挑战，危险性因子占绝对地位，留守儿童正处于不利的境地，这对他们的成长和发展极为不利。优势视角强调个体的潜能，相信个体能够通过自身的能力和周围的资源成功地应对困难和挫折。相信留守儿童虽然身处逆境，但是他们自身还是具有很大的潜能和优势的，而且他们的周围也存在很多资源。相信留守儿童可以充分利用周围的资源和自身的能力成功地应对逆境和挑战。

因此，社工要以优势视角为基础通过小组工作方法，运用抗逆力的实践路径，提升留守儿童的抗逆力。首先，使成员了解自己的优缺点，将注意力集中在自己的优点上，学会肯定自己和欣赏自己，提升他们的自信心，增强他们的乐观感。其次，通过小组活动使组员学会寻找解决问题的方法、确定目标的方法，学会与人合作并提升这方面的能力，提升留守儿童的效能感。再次，协助组员改善人际关系和提升他们人际交往的能力，使他们学会如何同周围的人沟通，从而促进留守儿童与家长、老师以及同伴建立良好的人际关系，增强他们的归属感。最后，为让组员产生自豪感和归属感，社工提供积极的参与机会，充分发挥组员的这些优势，让组员作为志愿者参与到W村儿童之家的管理中。

通过小组工作的方式来提升留守儿童抗逆力，主要在于小组工作的方式能够让平时不怎么表达自己想法、不跟别人沟通和交流的留守儿童能够在一个同质性比较高的小组中产生心理和情感上的共鸣，从而能够更加充分地表达自己的想法和意见，更好地分享他们在生活中的经历，也可以让他们能够找到互相帮助和支持的伙伴，提升他们的归属感。而社工也在小组中加入2名非留守儿童，这样可以让非留守儿童对留守儿童能够有充分的了解，发现留守儿童的优势和能力，改变他们对留守儿童的看法，增强留守儿童的同伴支持。

（二）小组实务一：增强乐观感

乐观感是对未来充满期望，是积极向上的、始终朝前看的态度。生活中会有很多的不幸和挫折，但是只要个体具有乐观的心态，生命的方向一定是积极、正向、健康的。乐观感的产生源自对个体优势和能力的肯定以及对未来美好的憧憬。

这些留守儿童因为父母长期外出务工，在学习和生活上无人指导，在面对困境的时候，只能依靠自己的力量，周围的人不能给他们提供支持，他们会经常体验到失败的经历。在面对困难的时候总是退缩，不能积极地面对挑战。学习上的失败和挫折让他们自我否定，总是看不到自己的优势和能力，产生自卑的心理。从优势视角来看，个人、团体、社区和家庭都有自己独特的优势和资源，不管这些特征和资源是否明显。社工的职责就是和服务对象一起寻找应对困难和挑战、消除痛苦、实现目标的潜能和资源，而这些资源和能力都来自面前的个人、家庭或者团体。助人过程要聚焦在这些组员的优势、兴趣、能力、知识和才华上，而非关注诊断、缺点、症状。

因而该阶段的主旨就是通过小组的方式来挖掘和巩固组员的优势。让组员发现自己的特点和优点，这样可以让组员拥有正向的感受和认知。让他们能够抛弃之前来自周围其他人的负向评价，提升他们的自信心和增强其对自我的肯定，增强他们的乐观感，使他们能够用积极健康的心态面对他们的学习和生活。社工通过"我是独一无二的"、"认识自己，超越自己"、"大大的梦想"和"一起撕标签"三次主题活动，让组员对自己有更加清楚的了解，发现他们自身的优点和能力，学会欣赏自己、肯定自己，提升他们对自己的评价和信心，增强他们的乐观感，让他们能够用乐观的心态来面对未来的挑战。

（1）主题活动1："我是独一无二的"

社工首先让组员说一说周围物品，如牙刷、树木、路灯、洗脸盆等的作用，想一想这些东西是否可以被其他的物品所取代，它们各自的优势有哪些。社工想通过这个游戏让大家发现很多的物体都是无可取代的，都有自己的作用，有自己的特点和优势。从而延伸出去，让组员发现，其实他们也像这些物体一样有自己的特点、价值和优势。社工想通过这个游戏让组员了解到自己跟别人是不一样的，增强他们的自信心。

在活动中，大家都能够举手回答。社工对大家举手回答表示很震惊。因为平时课业辅导的时候，大家都是大声喊叫，从来不会举手。社工在看到这些情况的时候，也会适时地表扬组员的这一优点，希望他们能够继续保持。小桓一直都很积极主动，他特别能说，每个问题都要回答。一直带动着小组的气氛，让小组一直处于很活跃的状态。他就很自信地说自己是无可取代的，少了他，大部分的学生就要没本子用了。他说自己最大的优势就是脑子好，会做生意。小青总是坐在小组的外围，只是安静地在听社工说，没有举过手。小旭说他喜欢打游戏，打游戏的能力是别人无法超越的。他的好朋友小林就说"要不咱两个来个实战，你绝对输"，逗得大家都哈哈大笑。接着每个人都说了自己的兴趣爱好、自己觉得自己擅长的地方。这个抢答游戏既活跃了气氛，也让组员发现了自己其实很多地方还是不错的，有自己擅长和喜欢的事情，这让他们很满足。

紧接着社工也通过"世界之最"的活动让组员发现他们有自己的优势，增强他们的自豪感和自信心。在这个游戏中很多的组员真的是拼尽全力的，他们很努力地在跟别人比赛。有的组员输了，甚至不服气还要和胜利的组员再比一次。因为孩子们的胜负心理很强，他们都很不乐意自己输掉。男生也被女生的柔韧性给惊呆了，女生的劈叉很厉害，但是有些男生不服气，也开始试着来做劈叉，场面混乱又欢乐。

在反思的环节，小桓说："我跳得没有小旭远，但是我比他个子高，字写得好看。"害羞的小青说："很开心能跟大家一起玩，我发现我的柔韧性还是很好的。"小林很不好意思地说："原来我自己的力气这么大，可能打人的时候打得他们很疼了。"小佳表示她虽然学习成绩不好，但是她在体育方面还是很好的。最后社工强调其实这两个游戏都是让大家发现自己跟其他人是不一样的，是有自己的特点的。比如小颖喜欢看书，擅长画画；小菲喜欢给别人做指甲，擅长给别人打扮；小腾喜欢打羽毛球，擅长运动；小旭喜欢玩网游，擅长轮滑；小林喜欢骑自行车，擅长街舞；小青也喜欢看书，擅长照顾弟弟，并且也会和弟弟一起玩；小桓则喜欢在学校做生意，擅长挣钱。每个人的兴趣爱好不一样，每个人都有自己的特点。要让组员看到，并且发现自己的优势和才能，明白自己是独一无二的，是无可取代的，从而增强大家的信心。

活动总结。这次活动，小组成员都到齐了。小组的计划内容也按时完成了。大家通过小组活动能够了解自己的特点、兴趣和优势，说明小组的目标已经达成。在活动中，因为这些小组成员在儿童之家都是彼此认识的，有的关系还是不错的。他们可以互相开玩笑，但是社工并不能明白玩笑可以开到什么程度，为了"讨好"他们，就是放任他们开玩笑。甚至玩笑中会带有贬低别人的意思，但社工只是说"不能这样说""以后不能这样"。还有在刚开始游戏的时候，没有将小组分组，而是通过竞赛的方式让大家参与进来。有些积极的组员能"承包"整个小组的活动，而那些内向的、不爱说话的则总是处于小组的边缘，不争不抢，也不参与。如果分组竞争的话，可以提升不爱说话和人际关系差的组员与其他组员交流和合作的能力，也可以培养他们的团队精神和责任心。

（2）主题活动2："认识自己，超越自己"

每个人都有优点和缺点，留守儿童也是有优点和缺点的。我们不能只盯着自己的缺点看，变成悲观和自卑的人。也不能只盯着优点看，变成骄傲自大的人。因此要让这些留守儿童了解自己的优缺点，继续发扬自己的优点，勇敢地挑战自己的缺点，让留守儿童成为一个能正确地认识和评价自己的人、敢于超越自己的人。这些都有助于留守儿童形成良好的个性特征。

在活动中，社工首先通过热身游戏让大家来认识优点和缺点有哪些。社工将组员分成两组，让各组推选出一个代表，每组分发 24 张写有优缺点的纸条，让两组一起进行，将这些优缺点归类，分别挂在优点树和缺点树上。用时最少的获胜。第一组派出小林，第二组派出小颖，最终小颖获得了胜利。小林队的组员对小林表示很失望，有些组员开始抱怨他，说都是因为他自己的小组才失败的。小林也觉得很不好意思，觉得都是自己的失误，很自责。社工看到后，对小组成员说，希望大家能够信任大家推选出来的小组成员，小林能够代表他的组员出战，说明他是有担当、有责任心的，大家得为他们两个敢于出战而鼓掌，而不是在失败后来抱怨他。大家都是一个小组的，小林肯定也不希望自己失败，希望大家能给小林更多的宽容和理解。社工也表示希望以后大家能够给这些出战的成员更多的支持和鼓励，因为大家是一个团队。没想到脾气冲的小菲居然第一个支持社工，跟小林说："没事，没事，我上去还不如你呢。哈哈！"其他同学也开始反思社工说的话。

接着，为了让小组成员能够对自己有充分的了解和认识，并能够挑战自己的不足。社工给每位组员分发一张卡片，让组员在卡片正面写上自己的优点和缺点，在卡片的背面写上自己克服缺点的做法即挑战的内容。在组员完成后，社工邀请组员朗读自己的优缺点和克服缺点的做法。社工先做示范："优点：我比较勤奋、我比较有耐心、我喜欢帮助别人；缺点：我不是很聪明、我英语听力不好；挑战的内容：想要能听懂英语，所以我打算每天听一条英语广播，希望自己能够坚持和努力下去，希望大家能够监督。"在做完示范后，社工提醒同学们制定的挑战要是自己能做到的，不能太大。根据组员们所列的优缺点和挑战，有的说希望自己主动找同伴玩；有的说会控制自己，不去打别人；有的说会每天先把作业写完再玩；有的说上课要认真听讲，不让老师批评自己了；有的说他愿意找家教来给自己补习以前丢掉的知识。社工表示能听到他们对自己的评价很开心，并且也很欣慰组员愿意改正自己的不足和挑战自己。社工鼓励他们一定要认真地实施自己的挑战计划，并让这些组员两人结伴，互相监督。

为了能够给他们提供行为转变的机会，社工将这些组员两两分组，让他们互相监督对方每天完成挑战的情况，然后在下次小组活动的时候来汇报对方的挑战完成情况。对于完成任务良好的，给予奖励。这样就可以让这些组员真正转变自己的行为模式，挑战自己，形成自己的独特品质，提升自己的内部力量。

小组活动总结。小组成员 8 人全部到齐。觉得自己做得很好的地方是，能够借鉴上次的活动经验，调整活动的形式。在大家埋怨组员的时候，能够及时地处理大家的情绪。而通过"挑战自我"，大家能够分享自己的优缺点，并发出挑战自己的内容，愿意改变，说明目标基本上已经达成。但是在小组的设计上缺乏让他们彼此之间交流的内容。

（3）主题活动 3："一起撕标签"

提到留守儿童很多人想到的是有"偏差行为"和"越轨行为"，认为他们是"差生"和"可怜的"。我们常常给这些留守儿童贴上标签，也经常以这样的眼光来看待他们。我们往往忽视了留守儿童对自己的陈述和看法。优势视角认为留守儿童必须撕掉自己歧视性的标签，改变自己是"问题孩子"的这种思维定势，重新认识自己，发现自己的优点和能力。相信留守儿童自己的陈述、观点和能力，相信自己的梦想，坚持自己的理想。因此社工想通过这节活动，让留守儿童来重新认识自己，撕掉别人对自己的标签。

社工先通过热身游戏活跃小组的气氛。接着社工开始进入小组的主题活动。社工首先给组员每人 10 个小便利贴，让组员在每张便利贴上写上一条别人对自己的评价。最后将这些评价内容跟大家分享，说一说哪些是自己觉得自己认可的，哪些是不认可的。通过这个活动，让组员能够反思自己，改变自己"问题孩子"的思维，也可以让这些组员来充分表达自己遇到的不公平对待心情。

小青告诉社工，她最不喜欢的是别人说自己没有朋友，她觉得自己是受排斥的那个人，为什么其他人还要说自己没有朋友。小青说自己也很想跟其他人玩，但是总是会被别人恶语相向，她觉得很受伤，慢慢地就不想跟别人玩了。小旭说自己不喜欢别人说自己爱打架，谁说自己他就打谁。他说他打架是因为在小时被别人打过，父母也不管自己，所以就开始攻击别人，但是一般情况下，别人不惹他，他不会去打别人的。小菲说不喜欢别人说自己笨，别人一说她笨，她就想对说她笨的那些人发火。小菲表示自己也想学习好，可是就是没有成效，她自己也觉得很生气，别人还是要说她。小腾说自己很不喜欢别人说自己爱撒谎，他觉得自己说谎话就是只对自己的父母和老师，没有对朋友撒过谎。小佳说不喜欢别人说自己学习不好，因为她觉得自己也是很努力学习的，也是有请家教在补习功课的。小颖则表示自己不喜欢别人说她不喜欢跟人交往，她觉得没有人邀请自己一起玩，所以她不想去给别人添麻烦。小桓则表示别人对自己的评价都挺好的，也没有什么不喜欢的，他觉得都挺好的。

社工从他们的分享中可以发现，组员对于其他人的评价是很在意的，他们表现出现在的行为都是有原因的。他们也不希望自己成为别人评价的那样，但又没有办法改变现状。因此社工让这些组员开始讨论针对自己不喜欢的评论该如何改变。针对小颖的情况，小桓说她应该主动跟其他人接触，不要太内向了。针对小青的问题，大家觉得她不要太自卑，要大方、主动地跟别人交流，如果别人说她的话，让她也要学会保护自己，学会反击。针对小腾的问题，大家觉得他需要跟爸妈和老师说实话，这样父母和老师就不会批评他说谎了，其他人也会相信他说的话。针对小旭的问题，大家觉得可能他需要控制自己的情绪，只要保证自己不被欺负就行了，没有必要非得和对方打架。针对小菲的问题，组员说要她找个学习好的同学教她，或者请儿童之家的老师给她辅导。让社工觉得惊奇的是，他们都是从自身的角度来做出调整，而没有一直埋怨周围的人，让周围的人做出改变。

　　社工将小组分成两组，每组派一个代表，然后将各自小组成员刚刚写下的不喜欢的评价，贴在代表身上，然后让代表再比赛，在不能用手的情况下看谁能在最短的时间里将便签全部弄掉。小组代表发现其实有些便签真的很难弄掉，自己跳半天都掉不下来。而社工也刚好想通过这个游戏让小组成员体会到其实要想撕掉别人给自己贴的标签，重新形成新的标签，其实是很难的，需要自己不断地努力和坚持。

　　小组活动总结。本次活动，所有组员都出席。这次活动中小组社工做得不好的地方有很多。在小组分享的过程中，小组成员相信社工分享了很多，但是社工却不知道如何回应，只能很沉默地听他们说。自己因为不知道如何回应，导致社工在小组过程中始终处于一种很紧张的状态，更加不知道如何进行自己的小组活动。小组过程中社工出现好几次很尴尬的沉默的情况。小组在分享的过程中其实负面情绪还是比较多的，但是社工不知道如何进行情绪的疏导。整体来说，社工觉得这次的小组活动开展得不是很好。

（4）主题活动4："我有大大的梦想"

梦想是前进的动力，是生命的意义，它能将很多人从困境中解救出来，让人们更加积极地面对生活。要充分发挥梦想的作用，最好将梦想与组员的兴趣爱好挂钩，促进组员前进，促进他们以积极健康的姿态面对未来，迎接挑战。社工试着激发组员的梦想，让组员对未来充满期望和信心，增强他们的乐观感。

首先，社工通过"你比我猜"的热身游戏，让组员扮演不同的职业角色。通过游戏让组员了解不同职业的特征和成为这个职业需要的条件。

接着社工让组员来畅想一下自己的未来，15年后的自己是什么样的？希望通过这个活动，小组成员能够树立目标，增强他们对未来的信心。给每位组员分发一张大白纸，让组员在纸上画出15年后自己在干什么的场景。小青想了半天没想出来。她说自己也不知道将来要干什么。社工就问她现在最喜欢什么，她说看小说。社工就接着问她可以将自己的兴趣发展成梦想吗？她非常不好意思地说自己学习不好，是不可能的。社工就鼓励她让她试着画出自己成为作家的情景。最终她画的是签售会的场景，但是周围排队等着签名的人她没有画很多。小桓很明确地知道自己要做什么，所以很快就画出来了。他画的是办公室的场景，办公桌前放着一个小牌子，上面写着总监。办公室的人正在低头办公。社工问他为什么这样画，他说自己的梦想就是要当富翁，要挣很多的钱。小腾很喜欢当特种兵，他觉得当特种兵很酷，他画的是自己在训练的场景。小佳因为真的不知道自己能干什么，所以就画了自己最近很想完成的事情，她拿着考及格的试卷给妈妈看，妈妈脸上带着笑容。其实她渴望成绩能提升，能得到家长的称赞。

最后，提供转变的动机。组员全部画完后，社工对绘画作品进行颁奖。在轻松喜悦的颁奖音乐中，大家体会参与的幸福和成就。组员们一个个都很开心，他们都双手接过了社工颁发给他们的"奖状"。社工借助颁奖典礼，给组员营造了一种正式的、严肃的氛围，通过颁奖的形式让组员看到其他人对自己梦想的支持和尊重，从而鼓励组员能够继续为了自己的梦想前进，为了自己的梦想直面挫折和困境。

小组活动总结。通过本次小组活动，小组成员之间的互动更加亲密，他们能做到给不经常发言的小组成员提供机会，让他们发言。从颁奖的过程中可以看到他们的喜悦和兴奋。因为以前的颁奖台都不属于他们，而这次的小组颁奖是对他们兴趣和爱好的支持，是对他们个人的肯定，提升了他们的自豪感和自信心。

（三）小组实务二：提升效能感

Rutter 认为，在个体层面，只有增强个体应对困境的能力和信心，才能不畏惧逆境。安全和谐的关系、完成自己的重要任务是提升效能感的两种体验。通过增能使个体能够成功地应对困境。效能感是个体应对挑战和压力的技能，是生命的力量。效能感包括目标制定、解决问题的能力，人际交往技巧。人际交往技巧主要是指能够与他人合作与沟通的能力；解决问题的能力是指充分利用身边的资源来获得帮助；目标制定的能力是指明确自己的方向，制订合理的计划，并认真执行以达到自己的目标，主要是指对自己的自我管理和控制。通过"目标很重要"、"我是小超人"和"我有交往秘籍"三次主题活动，来提高组员目标制定、解决问题的能力和人际交往技巧，从而增强组员的效能感，增强他们面对困难的勇气。

（1）主题活动5："目标很重要"

目标就像黑夜中的明灯，能给人们设定明确的行动方向，使人了解行动的目的。目标也能够使人在没有得到结果之前，就能够"看"到结果，从而产生持续的信心、热情与动力。而对于这些留守儿童来说，他们没有明确的方向，因为负向的评价使他们看不见美好的未来，缺乏行动的动力和对未来的热情。因此社工通过活动来让大家认识到目标的重要性，激发大家对未来的期望。

在活动中，社工首先通过"传递呼啦圈"的游戏让组员来体验目标制定的重要性。社工让组员手拉手围成一个圈，然后将一个呼啦圈放在一个组员的身上，让所有的组员在保证手不能松开的情况下，将呼啦圈传递一圈，看看用多长时间。社工先问大家觉得可以多长时间完成，有些组员觉得这太简单了，估计一分钟都用不到。接下来组员开始传递，个子比较小的组员能很快地传递过去，而在身高差比较明显的两个人中间，哗啦圈就怎么也传不到高个子的身上。还有一些组员不会将呼啦圈穿过全身，浪费了很长时间。结果用时1分20秒。很多学生就大呼要重来，说小腾和小桓个子太高了，在他们那边卡住了，还有小腾要是再快点就行了。社工就跟他们说，让他们自己来调整位置，自己排兵布阵。社工看到小林带着大家按照高低个排，然后围成圈，打算用从个子高的向个子低的传递的方法。这次的挑战比上次顺利，但还是在小腾那边出现了过不去的情况。大家都很着急，旁边的小旭让他别动，自己蹲下，将呼啦圈先套在自己的胳膊上，然后猛地一站，将呼啦圈传到小腾身上，最终用时 1 分零 4 秒，大家开心地相互击掌。社工针对这个游戏开始讲解目标制定的几个原则。

接下来，社工就开始让组员来制订自己近期的目标和计划。小佳写的是"要每天都写完作业，让老师不批评自己"；小菲写的是"每天都要问数学题"；小桓写的是"我要努力学习，上大学，成为富翁"；很内向的小青说"要争取在期末考试，三科都考 70 分以上，希望社工可以辅导她"。社工看着他们的目标，让他们把目标读出来，让所有的成员做个见证，并贴在墙上，让他们更有动力行动。

小组总结：通过"传递呼啦圈"，让组员了解目标的重要性，并且讲解了制定目标的几个原则。在小组活动中，有些组员出现失误，大家最后都没有责怪他们，而是鼓励他们，并且在周围给他们想办法。小组成员在最后还能记得制定目标的原则和作用。社工也发现他们其实比较关注自己的学习，因为他们的目标都是关于学习方面的。在小组过程中出现的问题是，因为长时间地讲解目标制定的原则，很多成员显得不耐烦，跟其他组员在聊天或者心不在焉。所以在以后的小组中要注重趣味性，吸引他们的注意力。

（2）主题活动 6："我是小超人"

成功的经验往往能够增强个体的自豪感和成就感，提升自己的信心。社工要挖掘组员以往的成功经验，要让组员体会到成功的感受，让他们在成功的经验中获取自信心和成就感，找到解决问题的办法和学到解决问题的技能，增强他们的效能感。

在活动中，社工设计了"我最自豪的事情"的活动，让大家能够分享自己的成功经验，感受自己的能力。一开始大家都低着头不说话，社工就先起了个头，说道："小时候，爸妈不在家，我一个人在家学习，但是我的学习从来没有让家长担心过。"有了社工的开头，组员都开始分享。小腾说："我曾经在三年级的时候学习很好，还是班长。"他表示，以前自己什么都很好，爸妈都比较关心他，也常常跟他一起写作业。后来不知道为什么就不陪自己写作业了，他就感觉很失落。觉得父母不喜欢自己了。他想要爸妈陪他写作业。平时社工也发现，他其实很聪明，在学习上属于一点就通的孩子，有时候社工都认为他是在不懂装懂，故意引起别人的注意才问的。还有，有人陪着他写作业的时候，他写得很快，准确率很高。但只要没有人跟他一起，他就开始撒谎说自己作业写完了。小佳说最近妈妈给她请了家教，她慢慢地能听懂家教讲的题了，家教老师也表扬她了，她相当开心。虽然她的学习真的也令我们这些"儿童之家"的老师发愁，但是她没有放弃学习，继续在努力着，即便很小的进步她也会很开心。还有的组员很自豪地说，他们最自豪的就是翘课帮别人打架。社工很震惊，赶紧补充说这种行为是不提倡的，但是我们能看出来他是被其他人信任的，他也是个重义气的孩子。通过这个活动大家都分享了一些以前微不足道甚至自己都没有察觉到的能力。

接着社工设计游戏，让组员学会与人一起合作来解决问题，并让他们发现自己在小组中所起到的重要作用。社工先让组员分成两组，每组成员只能凭借3个气球、1张报纸、2管小胶带，保证鸡蛋从相同高度掉落不会摔碎。两组成员分别开始干起来了，第一组的小桓表现很积极，他先问大家保护鸡蛋的方法有什么？小桓反应快，立马说利用这些材料做成个热气球，然后把鸡蛋包起来，再放进"篮子"里，这样就可以了。

大家都觉得很不错，可以试试。他们组基本上分工很明确，谁
该干什么就干什么。而第二组则是小林说着，其他人按照他说
的来做。小林想的是将气球围在鸡蛋周围，然后再将报纸撕开
揉成团，放在气球的上下和周围的缝隙处。第二组中平时不怎
么说话的小青，虽然不说话，但是一直在配合着，积极主动给
小林提供支援。还有平时不怎么关心小组活动的小菲也开始动
起来，一会撕胶带，一会撕报纸。最后测验，发现大家都保护
住了鸡蛋。社工先表扬这些有进步的组员，肯定他们在小组中
的作用。最后总结告诉组员，他们的周围都是充满资源的，要
学会利用这些资源。希望他们在遇到困难的时候，互相帮助，
大家一起来解决问题。

　　小组总结。这次小组活动成员通过深入的分享，了解到自
己在过去应对困境的方法，以及成功的经验，让他们发现自身
存在的能力。活动也让组员发现他们自身和身处的环境都是充
满资源的，希望他们在遇到困难的时候能够充分利用这些资
源。本次活动存在的不足主要是，社工因为小组工作的技能没
有掌握好，所以不能够很好地回应小组成员。在小组成员分享
自己的经历后，社工不知道该怎么办。

　　（3）主题活动 7："我有交友秘籍"

　　很多的研究表明，留守儿童无法与同伴建立稳定和积极的
关系，他们内向、孤僻、以自我为中心，在与人交往中常常遭
受排斥和欺凌。在家长长期外出的情况下，与同伴的沟通和交
往对流动儿童来说是非常重要的。在没有父母陪伴的情况下，
同伴能够倾听留守儿童的心声，能够提供关心、支持，提升留
守儿童解决问题的能力，因此增强学生的交往技巧也是必
要的。

　　社工先通过热身游戏让大家了解交友的十项"绝招"。先

将小组分成两组，每组排好每个人的出战顺序，将交友的十招绝招卡放在地上，然后社工开始念绝招卡对应的演绎卡上的内容。两组在听完演绎卡上的内容，社工说开始后各组开始找对应的绝招卡，累计找到最多的即为获胜组。社工在念演绎卡上的内容时，组员都按捺不住自己，几次都在没听到社工说开始的时候就去找绝招卡了，结果这被视为犯规。中间有几次因为2个人找到相同的一张绝招卡，就把对应的绝招卡给抢坏了。在游戏结束后，社工随意地拿出几张绝招卡，问大家谁还记得对应的演绎卡的内容。结果大家都能说出来一些。这样的比拼方式，让大家对这些内容更有印象。

最后社工通过角色扮演的方式让组员将这些原则应用在生活中。让每组各抽一张绝招卡，然后通过角色扮演的方式来体现这个交友原则。第一组抽到了"敢于认错"的绝招卡，小桓就和小旭商量要表演。他们表演的是期中考试后，老师不小心把小桓答错的题判对了，结果小桓就找老师（小旭）承认错误去了。他们两个是第一个表演的，都很不好意思，就站在墙角处，没有很多的肢体动作，仅仅就是两个人面对面在说话，也不看周围的人。第二组抽到的是"尊重别人"，第二组由小菲、小腾和小青一起来表演。他们表演的场景是在课堂上，老师（小青）问小腾问题，结果小菲一直在打扰小腾回答问题。小青因为害羞不愿意表演，社工鼓励她，其他小朋友也鼓励说不用担心，不会笑话她的，希望她能参与到小组活动中来。小青愿意试试。小菲将那种"坏学生""捣乱的学生"演绎得很生动。其他同学说，她上课也是这样的，这就是"本色出演"呢。小青还是有点紧张，不敢大声地提问。小腾最后被小菲逼得朝她大喊："让我说完好不好。"最后分享感受的时候，有些组员说，有的时候自己可能太以自我为中心了，只考虑自己的感受，没太考虑其他人的感受，挖苦别人，起外号、开玩笑。他们也愿意改正这些不足，认真地跟其他人交往。小青说，她很感谢大家能一直支持她，鼓励她，她觉得在小组中才能感到被重视，大家会跟她一起玩，她一起参与游戏活动，她很开心。小林当时就回应她说，如果以后有人感欺负她的话，她去帮她教训那个人。小菲和小颖说，她们两个会经常跟小青一起玩的。

小组总结。这次的小组活动，社工能感受到他们之间的互相支持和帮助。他们之间的关系也变得越来越好，他们会互相鼓励，互相支持。小组成员也越来越不想早点结束小组活动，每次小组活动都会延迟半小时。而社工也不好意思说结束。

（四）小组实务三：增强归属感

Becker 对抗逆力的研究发现，抗逆力虽然是每个人都具有的一种潜能，但是同伴、家庭、学校以及社区等的社会支持与其抗逆力有着密切关系。一些学者的研究发现，从父母、学校和同伴那里获得的支持比较少的儿童，他们的自我价值感偏低。即便是成人，支持关系对应对逆境也是非常重要的。[①] 李永鑫、骆鹏程等对社会支持对留守儿童抗逆力的影响的研究表明，社会支持（主观支持、客观支持和支持利用度三个维度）对留守儿童心理弹性具有显著正向影响。[②] 因此不难发现增强外部支持，也有利于提升抗逆力水平。

归属感主要是指至少有一位关心和照顾自己的人，能够在

---

① 阳毅、欧阳娜：《国外关于复原力的研究综述》，《中国临床心理杂志》2006年第 14 期，第 539 页。

② 李永鑫、骆鹏程、聂光辉：《人格特征、社会支持对留守儿童心理弹性的影响》，《河南大学学报》（社会科学版）2009 年第 11 期，第 127～130 页。

面对困境的时候给自己提供支持和帮助，让自己拥有积极的生活的心态，并能够给自己提供有意义的参与机会，充分发挥自己的才能和优势。归属感是一种情感支持，它就像一块海绵，能够使人们在面对困难的时候实现"软着陆"。而归属感的获得主要来自同伴、家庭、学校和社会对其的关心和支持。归属感强的人，能够很好地找到自己的定位，容易感到幸福，对生活充满希望，因此能提升应对困难的能力。

（1）主题活动8："总有你鼓励"

同伴是青少年成长中不可或缺的人，同伴的支持和关心能够使青少年更好地面对困难和挫折，更好地适应学校和社会。本次活动的主要目标就是让留守儿童明白同伴的力量和作用是很重要的。

在活动中，社工设置了一个"优点轰炸的活动"，让大家体会到来自组员的鼓励和支持，增强他们的信心。组员坐着围成一个圈，选出一名组员站在圆圈中央，然后请大家对圈中的成员进行赞赏，赞赏的人可以获得糖果。第一个是小菲，她非常紧张，也很害羞。小颖就先表扬她很乐于分享，总是有好吃的就给别人吃。小颖说完后，小菲就给小颖送了一颗糖果。组员在看到有糖果的时候，就纷纷举手发言，开始说出对方的优点。小林觉得自己没有什么优点，上去后肯定被别人说自己爱打架，不爱学习，所以他一直不愿意上去。社工就让小林坐在位置上，让其他人分享。让小林很惊讶的是，大家都没有说他爱打架，都说他的领导能力很强、很讲义气，长得也很帅。小林当时很害羞地说了句"谢谢"。其实可以看出小林真的很在意别人的看法。经过大家的表扬，小林更加对自己有信心了，也愿意将自己的糖果送给其他人。大家说小腾，虽然平时会撒谎，但都是对家长说的，对他们还没有说过谎话。还有他在儿童之家活动结束后，会主动留下来打扫卫生，别人都做不到。另外，他承诺别人的话，也一定会做到的。大家对小青说，她其实很照顾别人，很会考虑别人的想法，但是希望她以后能多主动跟大家说说话或者是积极主动参加活动。对于小旭，大家都说他其实也很重义气，很聪明，也希望他以后能多说话，别总是打游戏。结束后，大家都获得了满满的称赞，都很开心和感动。

为了让组员能够看到同伴的力量，社工设置"十指抬人"的游戏。刚听到这个游戏的时候，大家真的很吃惊，都表示怎么可能抬得起来，就十根指头。社工就跟大家说以前有成功的经验，大家这才愿意试一试。组员都很聪明，选择了体型比较小的小旭，其他组员两边各站5个人（社工也加入），大家随便找个位置来抬，结果没有抬起来，大家都觉得应该真的不行了。但是小桓和小林觉得不能放弃，应该再试试。他们两个就跟大家一起商量应该怎么办。组员试了很多次都没有成功，社工就提示让他们看看哪里是最需要力量的。组员觉得腿部两边各一个人，抬中间就可以了，其他的人都集中在臀部和肩膀这边应该就可以了，等他们排兵布阵完毕后就打算再次尝试。结果真的抬起来了，虽然不高，但是他们能够感受到离开地面了。组员们都很激动，没想到真的成功了，还好他们没有放弃。这次活动让他们更加相信合作的力量，相信有同伴的支持一定可以面对更多的挑战。

小组活动总结。通过优点轰炸，大家获得了自来同伴的鼓励，这些经常被批评的留守儿童感到了自豪和兴奋。而"十指抬人"的游戏让他们了解到，其实很多事情都是可以解决的，一定要相信合作的力量，相信同伴的力量。

（2）外部介入：充分发挥"儿童之家"的作用，增强归

属感

　　除了家长、老师、同伴外，社会工作者也同样是留守儿童的"重要他人"。社工作为老师可以给留守儿童提供学习和生活上的指导，能给予他们鼓励和支持，也可以给留守儿童提供参与的机会，增强留守儿童的外部支持力量，更好地应对困难和挫折。

　　在儿童之家，这些留守儿童在面对学习上的难题的时候，社工则是根据他们的不同特点来给予不同的指导，教会他们学习的方法，引导他们形成良好的学习习惯。在生活中，留守儿童可以把社会工作者当成朋友，聊一聊他们遇到的困难和难题，社会工作者会给他们一些建议和方法，跟他们讲一讲自己的经历。对于这些留守儿童，社会工作者也会给他们提供参与儿童之家活动的机会，让他们的兴趣爱好得到充分的展现。对于喜欢画画的留守儿童，社工可以给他们提供装扮儿童之家的机会；对于喜欢唱歌的组员，社工在开展节日活动的时候，邀请这些组员表演；对于喜欢帮助别人的留守儿童，社工让他们在写完作业后，给那些低年级的学生辅导功课。总之，给这些留守儿童创造机会来落实自己的行动，让组员获得信心和对自我的肯定，让他们将"儿童之家"当成可以依靠，可以获得能量的"家"，获得归属感。

　　而村里的负责人也表示，即便整个村子都搬到新村以后，也会给这些孩子们提供娱乐和游戏的场地。最起码他们要替这些孩子的父母给孩子们提供安全的环境。村里的负责人考虑到村子里的留守儿童比较多，就为这些孩子们提供营养餐，保证孩子们的营养问题，让家长能够放心地在外边工作。村委会也是留守儿童强有力的外部支持。

　　社工虽然将效能感、乐观感和归属感分开来写，但是这三者之间没有很清晰的界限，它们之间是互相关联、互相促进的。

四 小组活动的效果评估

（一）前后测对比分析

1. 小组工作对提升留守儿童的抗逆力是有效的

该研究主要是针对参与活动的 8 名留守儿童的抗逆力调查。社工在开展小组前后对小组成员进行抗逆力水平测量。该研究的前后测结果都以参与小组的 8 名成员为统计样本，根据他们在参加活动之前的得分和参加小组后的得分进行对比分析。

从表 6-2 可以发现，在小组活动介入后，参加小组活动的成员的抗逆力水平有明显的提升，并且通过配对样本 t 检验，发现抗逆力的水平在小组之前和小组之后达到统计学上的显著差异水平，这说明小组活动是有效果的，能够提升组员的抗逆力水平。还可以发现，小组成员在小组介入后的外在保护性因素和内在保护性因素明显提升，并且也达到统计学上的显著水平，说明小组活动介入后小组成员的内在保护性因素和外在保护性因素都有所增强。

表 6-2 留守儿童抗逆力前后测结果比较

指标	前测		后测		t 值	P 值
	平均值	标准差	平均值	标准差		
抗逆力	2.21	0.24	2.53	0.12	4.938**	0.001
外在保护性因素	2.28	0.22	2.43	0.24	2.375*	0.042
内在保护性因素	2.21	0.30	2.66	0.21	4.403**	0.002

* $p < 0.05$, ** $p < 0.01$, *** $p < 0.001$。

2. 积极构建家庭和学校的外部支持

从表6－3可以发现，外部支持中的同伴支持，内在保护性因素中的自尊、目标感、问题解决的能力等都达到了统计学上的差异水平，前测分数低于后测分数，说明小组工作的介入对提升小组成员同伴支持、自尊、目标感、解决问题的能力是有作用的。但是在外部支持中的家庭支持和学校支持方面前测和后侧并没有显著差异，说明小组对于提升家庭支持和学校支持是没有效果的。

家庭支持和学校支持的前后测差异不大。在小组中社工并未设计关于介入家庭的活动。因为社工在刚开始介入小腾家庭的时候，就被质疑和排斥，其家长认为这是他们自己的家务事，社工不应当管。在聊天的时候，小腾妈妈也显得不耐烦。所以社工就没有介入家庭。其他组员的家长因为在外地，无法进行介入。而对于老师方面，老师说他们没有时间，因为学校现在缺老师，很多老师需要一个人负责好几科的教学任务，压力比较大，而且下班后还得照顾孩子和家人，比较忙。所以针对老师也没有提出介入的策略。在家庭和学校支持这一块社工并没有做好。这同时说明家庭支持和学校支持还有很大的发展空间。

表6－3　小组成员抗逆力各因素前后测对比结果

指标	前测		后测		t 值	P 值
	平均值	标准差	平均值	标准差		
家庭支持	2.35	0.43	2.39	0.39	0.896	0.394
学校支持	1.90	0.23	2.03	0.23	2.236	0.052
同伴支持	2.44	0.54	3.11	0.30	3.184*	0.011
问题解决的能力	2.15	0.64	2.77	0.25	2.906*	0.017

续表

指标	前测		后测		t 值	P 值
	平均值	标准差	平均值	标准差		
与人合作和交流的能力	2.49	0.52	2.03	0.31	2.419 *	0.039
目标感	2.28	0.38	2.70	0.48	3.748 *	0.030
自尊	2.17	0.24	2.38	0.16	4.775 **	0.005

$^*\ p < 0.05$，$^{**}\ p < 0.01$，$^{***}\ p < 0.001$。

（二）小组实务满意度评估

在活动结束后，社工也对这 8 名组员进行了问卷调查，了解了他们对小组的建议和评价。问卷内容涉及组员在参加小组后的收获，如小组工作提高我对逆境的认识，小组工作提高我的自信心，小组工作使我对自己有更清楚的了解，小组工作提升我人际交往的技巧、提升我解决问题的能力，小组工作使我学会制定目标。还有对小组和社工的满意度以及对小组的建议。问卷答案有 5 个选项，分别是很同意、同意、一般、不同意、完全不同意。

从表 6 - 4 可以看出，有 62.5% 的组员认为参加此次小组活动能够提升他们对逆境的认识，有 75.0% 的组员认为小组活动提高了自己的信心，说明小组提升了组员的乐观感；有 62.5% 的组员认为小组活动使他们能够更清楚地认识自己；有 77.5% 的组员认为小组活动使他们提升了人际交往的技巧。虽然有 2 名组员表示小组活动并没有提升他们解决问题的能力，各有 1 名组员表示还是不能清楚地了解自己和学会制定目标。但是超过 60.0% 的组员觉得这些目标已经达成，这说明小组目标基本上已经达成。

表 6 - 4 小组成员对小组活动的满意度调查结果

单位：人，%

指标	很同意		同意		一般		不同意		完全不同意	
	比例	人数	比例	人数	比例	人数	比例	人数	比例	人数
小组提高我对逆境的认识	2	25.0	3	37.5	2	25.0	1	12.5	0	0
小组提高我的自信心	2	25.0	4	50.0	2	25.0	0	0	0	0
小组工作使我对自己有更清楚的了解	3	37.5	2	25.0	2	25.0	1	12.5	0	0
小组工作提升我人际交往的技巧	3	37.5	4	40.0	1	12.5	0	0	0	0
小组提升我解决问题的能力	2	25.0	3	37.5	1	12.5	2	25.0	0	0
小组使我学会制定目标	2	25.0	4	50.0	1	12.5	1	12.5	0	0
小组活动让我对未来充满信心	3	37.5	3	37.5	2	25.0	0	0	0	0

　　所有组员都表示自己愿意推荐朋友来参加类似的活动，也对工作人员很满意。有 6 位组员表示自己对小组活动很满意，其他 2 位表示一般。在对小组的意见中，3 位组员表示自己没有意见。其他的组员希望、可以让小组少一些说教，多一些游戏；要增强小组的趣味性；希望小组开展的时间更长一点；希望一直有这样的活动；希望社工老师能一直待在这边。

　　从对小组活动满意度的调查来看，组员对这次的小组活动还是很满意的，他们很多人认为小组活动能够提升自己的能力，增强自己的信心，使自己积极地面对未来的生活，也认为小组活动对他们是有用的，是能够帮助他们的。因此根据小组成员对这次小组活动的评估来看，小组目标基本上已经达成，他们的效能感、乐观感、归属感都有所提升。

　　在小组结束后，社工发现这些小组成员经常能够在一起写作业，谁遇到不会的题目，知道怎么做的成员就会讲解。他们也一起帮助低年级的小孩，为他们辅导功课。他们也经常一起玩。他们在生活上遇到困难也会找其他的同学或者儿童之家的老师帮忙。有些爷爷奶奶也反映他们回家愿意看书和做家务了，也愿意跟他们聊天了。

小组活动之后，小青也变得开朗起来，她能够跟弟弟积极主动参加其他成员的活动，其他成员也不会排斥他们；小林在儿童之家基本上从来没有再打过或者欺负过其他同学；小腾在跟家长的沟通方面还是存在问题，但是他现在跟大家一起写作业，每天都可以把自己的作业写完，偶尔也会跟社工分享家里的事情，聊一聊自己的心情；小菲跟小颖成了好朋友，她们天天在一起写作业、玩游戏，小颖也会教小菲做作业；小佳每天放学都在上补习班，有家教老师给她补习功课，她在星期天的时候也会来儿童之家找大家一起玩，但是小佳有点过分依赖儿童之家的社工。

五　结论与讨论

研究通过问卷调查方法分析留守儿童抗逆力水平，以及留守儿童在抗逆力各个因素方面的现状。社工通过小组的方式，运用优势视角理论，充分发掘留守儿童的潜能和优势，增强留守儿童的信心和使其形成正确的自我认知，激发留守儿童的乐观感；提高留守儿童的人际交往、问题解决和目标制定的能力，增强他们的效能感；充分发挥同伴和儿童之家的作用，让留守儿童产生归属感。通过小组活动让留守儿童能够成功地应对挫折和困难，健康地成长和发展。

（一）结论

1. 留守儿童的抗逆力水平相对较低，而且内部差异较大

该研究对 W 村四五年级的留守儿童进行问卷调查，通过问卷结果分析发现，与非留守儿童相比，留守儿童的抗逆力水平低于非留守儿童，说明留守儿童的抗逆力水平相对较低。这些留守儿童的自我效能感得分要高于外部支持和内部力量得分，内部力量分值最低。同时发现留守儿童抗逆力水平差异也比较大。

2. 小组工作有助于提升留守儿童的抗逆力水平

该研究通过小组工作的方式对留守儿童进行介入，通过提升留守儿童乐观感、归属感和效能感的一系列主题活动，来提升留守儿童的抗逆力水平。通过效果评估可以发现，留守儿童在小组介入之后，整体的抗逆力水平有明显的提升，内在保护性因素和外在保护性因素两个维度都有提升。而在外部支持这一维度中，家庭和学校的支持并没有提升，朋友支持却提升比较明显。除此以外，社工看到这些小组成员会坐在一起写作业，大家互相帮助，谁要听写，另外的人就帮他们听写。他们一起完成任务，一起做游戏。他们也会主动教小学一年级的小孩写作业。他们会坐在一年级小孩旁边，写着自己的作业，一年级小孩遇到不会的问题就可以问他们。社工们也会跟这些孩子们一起聊一聊他们的烦恼、他们的梦想、他们的偶像、他们喜欢的人。真正和这些孩子打成一片，成为他们的朋友，成为支持他们的外部力量。

3. 以优势视角来看待留守儿童，提升留守儿童的自信心

留守儿童现在正处于成长和发展的阶段，父母的陪伴对现阶段的他们来说都是重要的。留守儿童在缺少父母关心、支持、指导和亲子沟通的情况下，容易形成自卑、内向的心理特点。学习成绩不好的留守儿童也常常受到老师的负面评价和漠视以及同伴的排斥和欺负，这些都是留守儿童产生不自信的原因。过分关注留守儿童的问题，只会让这些留守儿童把问题内

化，让留守儿童觉得自己就是"问题学生"。因此留守儿童周围的老师和同伴要从优势视角来看待他们，相信他们是有潜能和优势的，而且要给留守儿童提供积极的参与机会，鼓励他们充分发挥自己的优势，促进与周围人的沟通和交流，增强他们的自信心。

在小组中他们很容易满足，社工的表扬会让他们很开心，甚至为了得到社工的表扬而表现得很听话、很遵守规则。在一次优点轰炸的过程中，因有来自组员的称赞他们特别开心，他们觉得很温暖，充满了动力，觉得自己在小组中是有存在感的，同时他们也获得了归属感。社工也表达了对他们愿意改变的肯定，并且在儿童之家给他们提供了积极参与的机会，让他们能够充分发挥自己的才能，参与到儿童之家中来。其实他们都能很积极地参与到儿童之家的事务中，并且做得都很好。

4. 充分发挥儿童之家"家"的作用，增强留守儿童的归属感

为了充分保障儿童的成长和发展，政府通过购买社会服务的方式，引入社会工作的专业方法和社会服务组织载体，推动"儿童之家"示范点建设。实习地的村主任告诉社工，因为他们村有好多留守儿童，所以社区能做的就是响应政府的号召给孩子们提供一个活动的场地，他们可以在这边写作业、看书、做游戏。最起码可以保障他们的安全问题，算是给村里的人提供些实实在在的服务。社工认为"儿童之家"不仅是留守儿童安全的一道保护屏障，更是留守儿童心灵的港湾。儿童之家可以充分发挥它的教育、服务的功能，为留守儿童提供关于心理、人际、生活、学习等方面的指导，充分弥补家庭功能的不足。儿童之家的工作人员可以通过需求评估的方式，了解留守儿童的需求，然后开展相应的专业活动，满足留守儿童共同的需求。工作人员也会注意到他们的个性需求，通过个案的方式来解决他们的问题。在儿童之家里没有权威，大家都是平等的，每个人都要互相尊重。这样的氛围更容易让留守儿童喜欢和接纳。因此要充分发挥儿童之家的功能，让留守儿童感到不孤单，能够更加有信心地面对困难和挑战。

5. 要搭建家 – 校 – 社区良性互动平台，增强留守儿童的外部支持力量

家庭、学校和社区都是个体应对逆境的外部支持力量。而外部支持也具有缓冲压力的作用。在留守儿童的外在保护性因素方面，家庭、学校、社区和社会这四者之间是互补共进的关系，其中不管哪一因素缺失或者存在不足，都会影响其他几个因素保护功能的正常发挥。因此，在构建留守儿童外部支持的时候，需要从多方面共同努力，多管齐下。

（二）建议

抗逆力构成主要包括内在保护性因素和外在保护性因素。内在保护性因素指的是个体自身具有的能够应对危机情境、减少问题行为、帮助个体成克服压力的心理能力和人格特质。外在保护性因素是指个体以外的环境中所具有的促进个体成功调试、积极应对、克服危机、获得良性适应的条件与资源。[1]

沈之菲认为儿童内在保护性因素主要包括社会胜任力、自尊和自主性、目标感和有意义的感觉。儿童重要的外在保护性因素主要来自家庭、学校、社区以及同伴群体。因此留守儿童抗逆力的提升不仅要提升个体效能感和自尊水平，还要从同伴、家庭、学校、社区几个方面来提升留守儿童的外部支持，降低外部环境危险性因素，增强留守儿童的保护性因素，提升

---

① 许莉亚：《学校社会工作》，高等教育出版社，2009。

留守儿童的抗逆力水平。

1. 留守儿童个体层面的介入

（1）培养留守儿童内在积极的心理素质

提到留守儿童，我们就会将其等同于"问题学生"，认为他们在心理、行为、道德等方面都存在问题；以成绩和行为来评判留守儿童好坏的老师，也认为这些留守儿童存在很多问题，经常批评和忽视他们；留守儿童面对困难时，缺乏家长的指导。这些都导致留守儿童自卑心理的产生。而积极的心理素质包括自尊、对自己的信心和肯定、自我效能感、乐观感等。这些积极的心理素质与抗逆力有着很强的联系。一些研究发现，乐观的心态可以使个体在面对困难的时候，不退缩、不逃避，能够积极地面对这些困难，而自信心、自尊和效能感与抗逆力也是相关的，能够使个体在面对困难的时候对自己充满信心，并且能够成功地应对挫折。因此，在日常生活中要注重留守儿童的自尊、自信心、自我效能感和乐观感这些正向的品质，使留守儿童能够积极地面对学习上和生活上的困难和挫折，并能够采取正确的应对策略，对问题进行积极的加工。

（2）提升社会胜任能力和自我效能感

社会胜任能力是内在保护性因素的重要组成部分，提升社会胜任能力，有助于增加个体的内在保护性因素，也是提升抗逆力的重要组成部分。

首先，培养留守儿童与人交往和合作的能力。每个人都需要与周围的人沟通和交流，具备与人交往的能力可以使留守儿童获得更多的朋友和资源。在面对困难的时候，他们能够向别人诉说，也能够成功地利用自己的能力和周围的资源解决自己的问题。其次，培养目标感。目标感是个体成功的动力，能够激发个体前进的动力。面对困难和挫折，留守儿童拥有目标感可以增强他们对未来的期望，明确他们前进的方向，能够帮助他们走出困境，也有利于他们形成个体特质。最后，提升留守儿童解决问题的能力。每个人都会面临挑战和挫折，但是怎样看待和解决这些困难和挫折，能反映出自己解决问题的能力。对于那些不能够正确面对困难的人，他们会向困难低头，甚至在行为和认知上会出现偏差；能够乐观地看待这些问题的人，能够积极地应对挫折。

2. 留守儿童家庭层面的介入

家庭是个体成长和社会化的最重要场所。父母和孩子之间的关系对留守儿童的身心发展产生重要的影响。家长对留守儿童抗逆力外在保护性因素的形成起着重要的作用，加强留守儿童与父母之间的沟通，能够使留守儿童感受到家长的关心和支持，促进抗逆力形成。因此，加强留守儿童与父母之间的亲子沟通是十分重要的。家长尽量每天抽出几个小时和孩子们进行沟通和交流，询问孩子们每天的学习情况，了解孩子们的生活状态和需求。对于孩子们遇到的困难要及时给予指导和帮助。随着社会的进步，家长应该寻求多样化的方式跟孩子进行沟通，比如打电话、视频聊天、抽空回家或者在孩子放假的时候，让其到自己工作的地方。通过这样的方式来拉近亲子之间的关系，让孩子们感受到即便家长不在身边，他们也是关心自己的。这样有利于孩子的成长和发展，也有利于留守儿童能够成功地应对逆境和挫折。

3. 留守儿童学校层面的介入

学校也是留守儿童社会化的重要场所，老师教育方式和校园环境是影响留守儿童社会化的最主要的因素。学校对留守儿童的行为起到规范作用，对提升学生的抗逆力起到很大的作用。留守儿童在这里学习知识和技能，在这里和其他的同学共同生活。在学校里留守儿童通过集体生活，慢慢学会与人合作、分享和交流的方法和技巧，学会生活的技能，这可以增强他们应对困难的能力和信心。在老师的指导下，学生可以规范自己的行为，积极参与学校活动，建立和谐融洽的社交关系，获得成就感，从而塑造并提升抗逆力。对于留守儿童来说，老师的关心、鼓励、赞扬，同伴的支持和鼓励，积极参与学校活动都是形成抗逆力的重要因素。

（1）开展团体辅导，内化抗逆力本质

现在学校的老师只关注学生的成绩，以成绩为标准来衡量学生的好坏。对于那些学习成绩差的留守儿童，都会忽视不管，甚至剥夺他们参与班级和校园活动的机会。这样不利于留守儿童抗逆力的培养和提升，社工应该对这些老师开展相应的小组工作，通过小组活动来增强老师对抗逆力的了解，也能通过小组工作来改变他们以往的教育方式，给予留守儿童更多的关注和鼓励，以及更多的参与机会，增强留守儿童的自信心和提升其抗逆力水平。留守儿童的抗逆力提升也离不开同伴的支持。社工可以通过开展同辈群体小组，来加强同辈之间的交流，挖掘学生的潜力、资源等优势，成功地使这些学生找到自己在学校的位置，当遇到困难的时候能够及时从老师、同伴那里获得支持和帮助，成功应对困难。

（2）以驻校社工为桥梁，积极构建家庭－学校互动平台

留守儿童、家长、老师三者的互动是留守儿童健康成长的基础。留守儿童抗逆力的提升与学校教育和家庭教育都是密切相关和互相渗透的。家长可以通过老师了解孩子的在校状况，老师和家长可以一起承担教育留守儿童的责任，成为提升留守儿童抗逆力的重要纽带。社会工作者应该充分发挥自己的专业技能，运用社会工作的理论、方法及技巧帮助留守儿童提高学

习和生活的能力，通过与学生及其家长以及学校沟通协助预防和解决学生问题，促进学生健康成长，形成学生－家长－老师之间的良性互动，通过共同的努力来提升留守儿童应对困难的能力。

（3）营造学校抗逆力文化氛围，增强留守儿童的归属感

抗逆力最重要的组成部分就是关怀和支持，缺少关心和支持的校园环境不利于青少年抗逆力的形成。老师的职责并不仅仅是"教书育人"，传授学生知识和技能，他们也有责任了解学生的家庭状况、关心学生的心理情况、支持和引导学生健康成长和发展。老师通过赞赏、积极关注和提供参与机会为留守儿童创建良好的校园氛围，增强留守儿童的归属感。同伴之间也应该互相帮助，互相支持，从而为留守儿童构建温馨的校园环境，增强他们应对困难的外部支持。社工还应该倡导将抗逆力课程引入到教学中来，让学生抗逆力的培养成为常规，使其了解抗逆力的内容和实质。

4. 留守儿童社区层面的介入

社区是留守儿童生活的重要场所，是联系学校、家长的重要纽带。社区环境的好坏，也决定着留守儿童面临的危险性因素的多少，为减少留守儿童面临的危险性因素、增加他们的保护性因素，社区有必要为这些孩子创造良好的环境。

良好的社区环境能够减少留守儿童面对的危险性因素。因此社区需要充分发挥其保护功能，为这些孩子创造良好的社区环境。社区可以通过对居住地的管理，消除安全隐患，规范社区商店、网吧的经营行为，避免对这些孩子造成危害。可以建立专门的娱乐场所，例如设置专门的图书馆、学习室、活动室等，让这些孩子可以在空余时间有地方安全地学习、娱乐。社区可以为家庭提供专业服务，通过开展家庭教育讲

座宣传正确的家庭教育方式，让家长重视家庭教育，改变教育方式。营造互帮互助的社区氛围，让留守儿童感受到社区的温暖和关心。社区可以充分发挥它的桥梁作用，连接学校、家庭，一起为孩子们提供良好的社区环境。积极开展社区活动，鼓励留守儿童积极参与，发挥他们的专长和优势，从而增强他们的成就感。

参考文献

埃斯平·安德森编（Gosta Esping‑Andersen）《转型中的福利国家——全球经济中的国家调整》，杨刚译，商务印书馆，2010 年。

艾尔·巴比：《社会研究方法基础》，邱泽奇译，华夏出版社，2002。

安东尼·吉登斯（Giddens, Anthony）：《社会学》（第 4 版），赵旭东等译，北京大学出版社，2003。

边燕杰：《城市居民社会资本的来源及作用：网络观点与调查发现》，《中国社会科学》2004 年第 3 期。

陈锋、徐娜：《新生代农民工的返乡动因及其社会适应——以云南沙村为例》，《中国青年研究》2015 年第 2 期。

陈技伟、江金启、张广胜、郭江影：《农民工就业稳定性的收入效应及其性别差异》，《人口与发展》2016 年第 3 期。

陈旭峰、田志锋、钱民辉：《社会融入状况对农民工组织化的影响研究》，《中国人民大学学报》2011 年第 1 期。

呈贡区委、区政府：《中共昆明市呈贡区委、昆明市呈贡区人民政府关于扶持涉农居民创业就业的意见》（呈发〔2017〕8 号）。

呈贡区委、区政府：《中共昆明市呈贡区委、昆明市呈贡区人民政府关于扶持涉农居民创业就业的意见》（呈发〔2017〕8号）。

呈贡新区管理委员会：《呈贡县人民政府关于解决失地农民基本保障的试行办法》（呈政发〔2004〕32号）。

呈贡新区管理委员会：《呈贡新城规划区内被征地人员养老统筹办法试行通知》（呈政发〔2005〕41号）。

呈贡新区管理委员会：《呈贡新区以房保障的指导意见》（呈新管发〔2009〕5号）。

呈贡新区管理委员会：《呈贡新区以房保障的指导意见》（呈新管发〔2009〕5号）。

程诚、边燕杰：《社会资本与不平等的再生产以农民工与城市职工的收入差距为例》，《社会》2014年第4期。

仇立平：《城市新移民的"中产焦虑"》，《人民论坛》2014年第15期。

崔岩：《流动人口心理层面的社会融入和身份认同问题研究》，《社会学研究》2012年第5期。

戴安娜·库图：《有一种力量叫复原力》，《商业评论》2003年第7期。

Dennis Saleebey：《优势视角——社会工作实践的新模式》，李亚文、杜立婕译，华东理工大学出版社，2004。

段成荣、段力刚：《流动人口政治参与问题研究》，《国家行政学院学报》2014年第5期。

段成荣、吕利丹、王宗萍：《留守儿童的就学和学业成绩——基于教育机会和教育结果的双重视角》，《青年研究》2013年第3期。

范燕宁：《抗逆力在青少年成长过程中的两面性特点——以北

京市未成年人社区矫正服刑者的情况为例》,《中国青年研究》2006 年第 11 期。

符平、唐有财、江立华:《农民工的职业分割与向上流动》,《中国人口科学》2012 年第 6 期。

关信平:《非户籍人口视角下的特大城市治理》,《中国社会科学报》2015 年 1 月 23 日,第 A08 版。

关信平:《中国流动人口问题的实质及相关政策分析》,《国家行政学院学报》2014 年第 5 期。

郭菲、张展新:《流动人口在城市劳动力市场中的地位:三群体研究》,《人口研究》2012 年第 1 期。

郭菲、张展新:《农民工新政下的流动人口社会保险:来自中国四大城市的证据》,《人口研究》2013 年第 3 期。

国家统计局: 《2015 年农民工监测调查报告》,http://www. stats. gov. cn/tjsj/zxfb/201604/t20160428_1349713. html,最后访问日期:2018 年 7 月 11 日。

国家统计局:《2016 年农民工监测调查报告》,http://cn. chinagate. cn/news/2017 - 04/30/content_40721463. htm,最后访问日期:2018 年 7 月 5 日 。

国家卫生和计划生育委员会家庭司编著《中国家庭发展报告 2015》,中国人口出版社,2015。

国家卫生和计划生育委员会流动人口司编《中国流动人口发展报告 2017》,中国人口出版社,2017。

国务院:《国务院关于建立统一的城乡居民基本养老保险制度的意见》(国发〔2014〕8 号)。

国务院:《国务院关于进一步做好为农民工服务工作的意见》,http://www. gov. cn/zhengce/content/2014 - 09/30/content_9105. htm,最后访问日期:2018 年 7 月 6 日。

国务院:《国务院关于深入推进新型城镇化建设的若干意见》,
　　http://www.gov.cn/zhengce/content/2016 – 02/06/content_
　　5039947. htm,最后访问日期:2018 年 7 月 11 日。

国务院:《国务院关于整合城乡居民基本医疗保险制度的意
　　见》(国发〔2016〕3 号)。

国务院发展研究中心和世界银行联合课题组:《中国:推进高
　　效、包容、可持续的城镇化》,《管理世界》2014 年第
　　4 期。

韩俊强:《农民工工伤保险参保行为与城市融合——基于武汉
　　市的调查》,《社会保障研究》2013 年第 4 期。

韩丽丽:《学困生抗逆力风险因素与保护因素分析——基于对
　　266 名学困生的问卷调查》,《首都师范大学学报》(社会
　　科学版)2014 年。

何雪松、黄富强、曾守锤:《城乡迁移与精神健康:基于上海
　　的实证研究》,《社会学研究》2010 年第 1 期。

和红、任迪:《新生代农民工健康融入状况及影响因素研究》,
　　《人口研究》2014 年第 6 期。

洪岩璧:《再分配与幸福感阶层差异变迁 (2005~2013)》,
　　《社会》2017 年第 37 期。

侯亚杰、姚红:《流动人口身份认同的模式与差异——基于潜
　　类别分析的方法》,《人口研究》2016 年第 2 期。

《户籍制度改革重在赋权和增利》,http://opinion. people.
　　com.cn/n/2013/0811/c1003 – 22518705. html。

怀默霆 (K. Whyte):《中国民众如何看待当前的社会不平等》,
　　《中国社会科学报》2009 年第 1 期。

黄斌欢:《双重脱嵌与新生代农民工的阶级形成》,《社会学研
　　究》2014 年第 2 期。

黄嘉文：《收入不平等对中国居民幸福感的影响及其机制研究》，《社会》2016 年第 2 期。

李春岭：《流动人口地位获得的非制度途径——流动劳动力与非流动劳动力之比较》，《社会学研究》2006 年第 5 期。

李国平、孙铁山、刘浩：《新型城镇化发展中农村转移人口市民化相关研究及其展望》，《人口与发展》2016 年第 3 期。

李汉林、魏钦恭、张彦：《社会变迁过程中的结构紧张》，《中国社会科学》2010 年第 3 期。

李培林：《扩大中等收入群体比例跨越"陷阱"》，http://finance. ce. cn/rolling/201703/18/t20170318 _ 21133902. shtml，最后访问日期：2018 年 7 月 5 日。

李培林、李炜：《近年来农民工的经济状况和社会态度》，《中国社会科学》2010 年第 1 期。

李培林、李炜：《农民工在中国社会转型中的经济地位和社会态度》，《社会学研究》2007 年第 3 期。

李培林、田丰：《中国农民工社会融入的代际比较》，《社会》2012 年第 5 期。

李倩、李小云：《"分类"观念下的内倾性社会交往：失地农民市民化的困境》，《思想战线》2012 年第 5 期。

李强：《"双重迁移"女性的就业决策和工资收入的影响因素分析——基于北京市农民工的调查》，《中国人口科学》2012 年第 5 期。

李强：《中国城市化进程中的"半融入"与"不融入"》，《河北学刊》2011 年第 5 期。

李强、王昊：《我国中产阶层的规模、结构问题与发展对策》，《社会》2017 年第 3 期。

李荣彬：《生计资本视角下农民工社会融合的现状及其影响因

素》，《人口与发展》2016 年第 6 期。

李荣彬、袁城：《社会变迁视角下流动人口身份认同的实证研究——基于全国流动人口动态监测调查数据》，《人口与发展》2013 年第 6 期。

李若建：《工人群体的分化与重构——基于人口调查数据的分析》，《中国人口科学》2015 年第 5 期。

李树苗、王维博、悦中山：《自雇与受雇农民工城市居留意愿差异研究》，《人口与经济》2014 年第 2 期。

李铁、徐勤贤：《城镇化视角下的人口发展》，《人口研究》2017 年第 1 期。

李永鑫、骆鹏程、聂光辉：《人格特征、社会支持对留守儿童心理弹性的影响》，《河南大学学报》（社会科学版）2009 年第 11 期。

梁辉、胡健、杨云彦：《迁移模式对农民工人际网络构建的影响研究》，《人口与发展》2014 年第 2 期。

刘成斌：《农民工流动方式与子女社会分化——对中国人口流动制度设计的反思》，《中国人口科学》2013 年第 4 期。

刘成斌、童芬燕：《农民工子女随迁现状与推进路径》，《青年研究》2016 年第 1 期。

刘红春：《论社会组织促进平等就业的法律角色》，《思想战线》2017 年第 1 期。

刘建娥：《从农村参与走向城市参与：农民工政治融入实证研究——基于昆明市 2084 份样本的问卷调查》，《人口与发展》2014 年第 1 期。

刘建娥：《企业农民工赋权式融入的困境、内涵及对策研究——基于八家大型企业的高端访谈与深度调研》，《中国社会工作研究》2014 年第 1 期。

刘建娥：《青年农民工政治融入的影响因素及对策分析——基于 2084 份样本的问卷调查数》，《青年研究》2014 年第 3 期。

刘建娥：《乡-城移民（农民工）社会融入的实证研究——基于五大城市的调查人口研究》，《人口研究》2010 年 4 期。

刘建娥：《乡-城移民家庭融入趋势及政策研究框架——基于 2014 年国家卫计委流动人口动态监测数据》，《江苏社会科学》2015 年第 4 期。

刘建娥、范雅康、罗明辉：《乡-城移民家庭融入趋势及政策研究框架——基于 2014 年国家卫计委流动人口动态监测数据》，《江苏社会科学》2015 年第 4 期。

刘建娥《乡-城移民社会融入的实践策略研究》，《社会》2010 第 1 期。

刘军强、熊谋林、苏阳：《经济增长时期的国民幸福感——基于 CGSS 数据的追踪研究》，《中国社会科学》2012 年第 12 期。

刘茜、杜海峰、靳小怡、崔烨：《留下还是离开——政治社会资本对农民工留城意愿的影响研究》，《社会》2013 年第 4 期。

刘玉兰：《西方抗逆力理论：转型、演进、争辩和发展》，《科学流派》2011 年第 6 期。

卢晖临、潘毅：《当代中国第二代农民工的身份认同、情感与集体行动》，《社会》2014 年第 4 期。

陆文荣、何雪松、段瑶：《新生代农民工发展困境及出路选择——基于苏浙沪七个城市的调查数据分析》，《学习与实践》2014 年第 10 期。

吕利丹：《从"留守儿童"到"新生代农民工"——高中学龄农村留守儿童学业终止及影响研究》，《人口研究》2013

年第 1 期。

罗遐：《农民工定居城市影响因素的实证分析——以合肥市为例》，《人口与发展》2012 年 1 期。

罗兴佐：《阶层分化、社会压力与农民上访——基于浙江 D 镇的调查》，《思想战线》2015 年第 4 期。

马流辉：《底层社会、非正规经济与参与式治理——基于上海城乡结合部桥镇的考察》，《学习与实践》2015 年第 11 期。

毛丹：《村落共同体的当代命运：四个观察维度》，《社会学研究》2010 年第 1 期。

民政部：《中国民政统计年鉴（2011）》，中国统计出版社，2012。

倪鹏飞：《新型城镇化的基本模式、具体路径与推进对策》，《江海学刊》2013 年第 1 期。

宁光杰、李瑞：《城乡一体化进程中农民工流动范围与市民化差异》，《中国人口科学》2016 第 4 期。

裴小茹：《学校社会工作介入外来务工人员子女抗逆力养成——以上海市 MH 区 X 学校为例》，《社会工作》2012 年第 11 期。

亓昕：《农民工社会认同的形成——基于建筑业农民工的考察》，《人口与发展》2012 年第 6 期。

钱民辉、扈秀海：《社会热点面对面》，人民日报出版社，2016 年。

乔纳森·特纳：《社会学理论的结构》，邱泽奇、张茂元等译，华夏出版社，2001。

《全国"十三五"异地扶贫搬迁规划》，http://www. chinanews. com/gn/2016/09 - 24/8013391. shtml，最后访问日期：2018 年 7 月 11 日。

任远:《人的城镇化:新型城镇化的本质研究》,《复旦大学学报》2014年第4期。

任远:《重构土客关系:流动人口的社会融合与发展性社会政策》,《复旦大学学报》2016年第2期。

沈之菲:《青少年抗逆力的解读和培养》,《思想理论教育》2008年第1期。

盛亦男:《流动人口家庭迁居的经济决策》,《人口学刊》2016年第1期。

盛亦男:《中国流动人口家庭化迁居》,《人口研究》2013年第4期。

石鹏娟、孙立霞:《基于新型城镇化建设背景的民族地区城郊失地农民就业模式研究——以西宁市为例》,《城市发展研究》2017年第1期。

石智雷、施念:《农民工的社会保障与城市融入分析》,《人口与发展》2014年第2期。

罗小琴、桂江丰:《流动人口参加城镇职工医疗保障的行为及成因分析》,《人口与发展》2014年第6期。

史学斌、熊洁:《家庭视角下的农民工城市融合及其影响因素研究》,《人口与发展》2014年第5期。

宋月萍、陶椰:《融入与接纳:互动视角下的流动人口社会融合实证研究》,《人口研究》2012年第3期。

孙中伟:《农民工大城市定居偏好与新型城镇化的推进路径研究》,《人口研究》2015年第5期。

田丰:《逆成长:农民工社会经济地位的十年变化(2006~2015)》,《社会学研究》2017年第3期。

田国秀:《抗逆力研究:运用于学校与青少年社会工作》,社会科学文献出版社,2013。

汪传艳：《农民工参加教育培训意愿的影响因素分析——基于东莞市的调查》，《青年研究》2013年第2期。

汪建华：《城市规模、公共服务与农民工的家庭同住趋势》，《青年研究》2017年第3期。

汪建华、黄斌欢：《留守经历与新工人的工作流动 农民工生产体制如何使自身面临困境》，《社会》2014年第5期。

王春光：《我国城镇化发展的"量"与"质"》，《人民论坛》2018（18）。

王春光：《城市化中的"撤并村庄"与行政社会的实践逻辑》，《社会学研究》2013年第3期。

王春光：《外来农村流动人口本地化的体制性困境》，《学海》2017年第2期。

王静：《融入意愿、融入能力与市民化——基于代际差异的视角》，《区域经济评论》2017年第1期。

王瑞民、陶然：《"城市户口"还是土地保障：流动人口户籍改革意愿研究》，《人口与发展》2016年第4期。

王晓刚：《失地农民就业质量评价——以郑州市为例》，《城市问题》2015年第7期。

王跃生：《中国城乡家庭结构变动分析——基于2010年人口普查数据》，《中国社会科学》2013年第12期。

隗苗苗、张汝立：《从保护到支持：中国失地农民政策的转型》，《中国特色社会主义研究》2013年第3期。

魏万青：《户籍制度改革对流动人口收入的影响研究》，《社会学研究》2012年第1期。

魏万青：《自选择、职业发展与农民工同乡聚集的收入效应研究》，《社会学研究》2016年第5期。

吴帆、李建民：《家庭发展能力建设的政策路径分析》，《人口研究》2012年第4期。

吴菲、王俊秀：《相对收入与主观幸福感：检验农民工的多重参照群体》，《社会》2017年第2期。

吴昊、郑永军、谷玉良：《快速城镇化背景下转型社区的发展陷阱及其治理困境》，《城市发展研究》2017年第5期。

吴业苗：《农村城镇化、农民居住集中化与农民非农化——居村农民市民化路径探析》，《中州学刊》2010年第4期。

武岩、胡必亮：《社会资本与中国农民工收入差距》，《中国人口科学》2014年第6期。

席居哲、桑标：《心理弹性（Resilience）研究综述》，《健康心理杂志》2002年第4期。

谢建社、牛喜霞、谢宇：《流动农民工随迁子女教育问题研究——以珠三角城镇地区为例》，《中国人口科学》2011年第1期。

谢勇、丁群晏：《农民工的劳动合同状况及其影响因素研究》，《人口与发展》2012年第1期。

《新型职业农民超1400万人》，http://www.gov.cn/xinwen/2018-01/28/content_5261442.htm，最后访问日期：2018年7月5日。

熊景维、钟涨宝：《农民工市民化的结构性要件与路径选择》，《城市问题》2014年第10期。

熊跃根：《女性主义论述与转变中的欧洲家庭政策——基于福利国家体制的比较分析》，《学海》2013年第2期。

许莉亚：《学校社会工作》，高等教育出版社，2009。

许熙巍、夏青、汤岳：《中英城乡结合部社区案例的经济与社会转型比较》，《国际城市规划》2014年第5期。

闫伯汉：《乡城流动与儿童认知发展——基于2012年中国城镇

化与劳动移民调查数据的分析》，《社会》2017 年第 4 期。

阳毅、欧阳娜：《国外关于复原力的研究综述》，《中国临床心理杂志》2006 年第 14 期。

杨凡：《流动人口正规就业与非正规就业的工资差异研究——基于倾向值方法的分析》，《人口研究》2015 年第 6 期。

杨刚强、孟霞、王艳慧：《城乡流动人口结构分层与基本公共服务供给的结构优化》，《湖北社会科学》2015 年第 11 期。

杨菊华：《人口流动与居住分离：经济理性抑或制度制约?》，《人口学刊》2015 年第 1 期。

杨菊华：《社会排斥与青年乡－城流动人口经济融入的三重弱势》，《人口研究》2012 年第 5 期。

杨菊华、陈传波：《流动人口家庭化的现状与特点：流动过程特征分析》，《人口与发展》2013 年第 3 期。

杨菊华、何炤华：《社会转型过程中家庭的变迁与延续》，《人口研究》2014 年第 2 期。

杨菊华、吴敏、张娇娇：《流动人口身份认同的代际差异研究》，《青年研究》2016 年第 4 期。

杨穗、李实：《中国城镇家庭的收入流动性》，《中国人口科学》2016 年第 5 期。

叶继红：《集中居住区移民身份认同偏差：生成机理与调整策略》，《思想战线》2013 年第 4 期。

尹志刚：《关于城市流动人口社会融合的几点思考》，《新型城镇化与流动人口社会融合论文集》，2014。

于宏、周升起：《社会资本对失地农民市民化进程的》，《城市问题》2016 年第 7 期。

于潇、孙悦：《城镇与农村流动人口的收入差异——基于 2015

年全国流动人口动态监测数据的分位数回归分析》，《人口研究》2017 年第 1 期。

余敬文、徐升艳：《土地保障、逆向激励与农村流动人口就业行为研究——以上海市为例》，《中国人口科学》2013 年第 1 期。

翟年祥、项光勤：《城市化进程中失地农民就业的制约因素及其政策支持》，《中国行政管理》2012 年第 2 期。

张春泥、谢宇：《同乡的力量：同乡聚集对农民工工资收入的影响》，《社会》2013 年第 1 期。

张汝立：《从农转工到农转居——征地安置方式的变化与成效》，《城市发展研究》2004 年第 4 期。

张汝立：《农转工：失地农民的劳动与生活》，社会科学文献出版社，2006。

张文宏、雷开春：《城市新移民社会认同的结构模型》，《社会学研究》2009 年第 4 期。

张秀兰、徐月宾：《建构中国的发展型家庭政策》，《中国社会科学》2003 年第 6 期。

张亚兰、刘建娥：《抗逆力视角下流动青少年社会工作实务介入案例研究——基于云南省 HIH 民办社工机构社区服务实践》，《云南大学学报》2015 年第 3 期。

张翼：《农民工"进城落户"意愿与中国近期城镇化道路的选择》，《中国人口科学》2011 年第 2 期。

赵芳、陈艳：《近二十年来的欧洲家庭政策：变化及其延续》，《华东理工大学学报》2014 年第 1 期。

浙江省委、省政府：《关于进一步发展壮大村级集体经济的通知》（浙委〔2001〕20 号），2011。

《中共中央、国务院：国家新型城镇化规划（2014－2020

年）》，http://www. gov. cn/gongbao/content/2014/content_
2644805. htm，最后访问日期：2018 年 7 月 11 日。

《中国家庭发展报告 2015》，https://baike. baidu. com/item/中国
家庭发展报告 2015/17564281？fr = aladdin，最后访问日
期：2018 年 7 月 11 日。

《中华人民共和国国民经济和社会发展第十三个五年规划纲
要》，人民出版社，2016。

周晓虹：《转型时代的社会心态与中国体验》，《社会学研究》
2014 年第 4 期。

朱启臻、胡方萌：《新型职业农民生成环境的几个问题》，《中
国农村经济》2016 年第 10 期。

朱晓、段成荣：《"生存－发展－风险"视角下离土又离乡农
民工贫困状况研究》，《人口研究》2016 年第 3 期。

朱宇、林李月：《流动人口的流迁模式与社会保护：从"城市
融入"到"社会融入"》，《地理科学》2011 年第 3 期。

Alcock, Pete. *Understanding Poverty*, *The Third edition*. Basing-
stoke: Palgrave. 2006.

Amit, K. , & I. riss. "The Subjective Well－being of Immigrants:
Pre-and Post-migration," *Social Indicator Research* , Vol.
119, No. 1, 2014.

Atkinson, A. B. , Cantillon, B. , Marlier, E. , & Nolan, B. *Social
Indicators: The EU and Social Inclusion.* RePEc. 2002.

Atkinson, A. B. , Cantillon, B. , Marlier, E. , & Nolan, B. *Tak-
ing forward the EU Social Inclusion Process.* Luxembourg Coun-
cil of the European Union, 2005.

Atkinson, T. , B. Cantillon, E. Marlier, and B. Nolan, *Social in-
dicators the EU and Social Inclusion*, Oxford University

Press, 2002.

Bingqin Li, ChunLai Chen and BiLiang Hu. "Governing Urbanization and the NewUrbanization Plan in China," *Environment & Urbanization*, Vol. 28, No. 2, 2016.

Brockmann, H. J. Delhey, C. Welzel, H. Yuan. "The China Puzzle: Falling Happiness in a Risi Economy," *Journal of Happiness Studies*, Vol. 10, No. 4, 2009.

Burchadt, T. Le, Grand, J. and Piachaud D. "Degrees of Exclusion: Developing a Dynamic, Muti - dimensional Measure," in J. Hills (eds.), *Understanding Social Policy*, Oxford: Oxford University Press, 2002.

Burt, R. Structural Holes, *The Social Structure of Competition*. Cambridge: Harvard University Press. 1992.

Byrne David. *Social Exclusion*. Berkshire: Open University Press, 1999.

Cassarino, J. P. "Theorising Return Migration: the Conceptual Approach to Return Migrants Revisited," *Social Science Electronic Publishing*, Vol. 6, No. 2, 2004.

Cassarino, J. P. *Return Migration and Development*. Triandafyllidou, Anna, ed. Routledge, 2015.

Chris Ling and Ann Dale. "Agency and Social Capital: Characteristics and Dynamics," *Community Development Journal*, Vol. 49, No. 1, 2014.

Diener, E., Oishi, S., Lucas, R. E. "Personality, Culture and Subjective well - being: Emotional and Cognitive Evaluations of Life," *Annual Review of Psychology*, Vol. 54. No. 1. 2003.

Diener, E., Emmos, R., Larsen, R., & Griffin, S. "The Satis-

faction with Life Scale。" *Journal of Personality Assessment*,
Vol. 49, No. 1, 1985.

Diener, E. "Subjective well – being," *Psychological Bulletin*, 1984.

Furstenberg, F. F., & Hughes, M. E. "Social Capital and Suc-
cessful Development among at – risk Youth," *Journal of Mar-
riage and the Family*. Vol. 57, No. 3, 1995.

Giambona, U. F., and E. Vassallo. "Composite Indicator of So-
cial Inclusion for European Countries," *Social Indicator Re-
search*, Vol. 116, No. 1, 2014.

Gu, Baochang, "Internal Migration Dominates Population in Chi-
na," *Asian Population Studies*, Vol. 10, No. 1, 2014.

Guo, S, Zou, J. " Study and Enlightenment of the Urbanization of
Rural Areas in China in the Background of New Pattern Urbani-
zation—Taking Zhanqi Village, Pi County for Instance,"
Open Journal of Social Sciences, Vol. 3, No. 9, 2015,
pp. 137 – 144。

Hamama, L., & Arazi, Y. " Aggressive Behavior in at – risk Chil-
dren: Contribution of Subjective Well – being and Family Cohe-
sion," *Child & Family Social Work*, Vol. 17, No. 3, 2012.

Harris, J. and Todaro, M. P. Migration, "Unemployment and De-
velopment: A Two – Sector Analysis," *The America Economic
Review*, Vol. 60, No. 1, 1970.

Henderson, P. *Including the Excluded: from Practice to Policy in Eu-
ropean Community Development*. Bristol : Policy Press. 2005.
Journal of Social Sciences, Vol. 3, No. 9, 2015.

Jurgen Habermas. " Towards a Theory of Communicative Compe-
tence," *Inquiry*. Vol. 13, No. (1 – 4), 1970.

Kuschminder, K. "Interrogating the Relationship between Remigration and Sustainable Return," *International Migration*, Vol. 55, No. 3, 2017.

Leung, A., Kier, C., Fung, T., et al., " Searching for Happiness: The Importance of Social Capital," *Journal of Happiness Studies*, Vol. 12, No. 3, 2011.

Levitas, R. *The Inclusive Society: Social Exclusion and New Labor, the 2nd edition*. Macmillan, 2005.

Marshall, T. H. "Citizenship and Social Class," in T. H. Marshall and Tom Bottomore (eds.), *Citizenship and Social Class*, London : Pluto Press, 1992.

Massey, D. S., Arango J., Hugo G., et al. "An Evaluation of International Migration Theory: The North American Case," *Population & Development Review*, Vol. 20, No. 4, 1994.

Oxoby, R. *Understanding Social inclusion, Social cohesion, and Social Capital*. Robert Oxoby, Vol. 36, No. 12, 2009.

Parcel, T. L., & Menaghan, E. G. "Family Social Capital and Children's Behavior Problems," *Social Psychology Quarterly*, Vol. 56, No. 2, 1993.

Park, R. E and E. W. Burgess, *Introduction to the Science of Society* (2nd ed), Chicago: University of Chicago Press, 1921.

Payne Malcolm. *Modern Social Work Theory* , the third edition. Palgrave Macmillan, 2005.

Qiaobing Wu, Bill Tsang, and Holly Ming. "Social Capital, Family Support, Resilience and Educational Outcomes of Chinese Migrant Children," *British Journal of Social Work* , Vol. 44, No. 3, 2014.

Qiaobing Wu, et al. Anderson Johnson, "Understanding the Effect of Social Capital on the Depression of Urban Chinese Adolescents: An Integrative Framework," *American Journal of Community Psychology*, Vol. 45, No. 1, 2010.

Richard, A., Easterlin, Robson Morgan, Malgorzata Switek and Fei Wang. "China's Life Satisfaction, 1990 – 2010," *Proceedings of the National Academy Scienc*e, Vol. 109, No. 25, 2012.

Rutter, M. "Pathways from Children to Adult Life," *Journal of Child Psychology and Psychiatry*. 1989.

Soleimani, M., S. Tavallaei., H. Mansuorian., Z. Barati. "The Assessment of Quality of Life in Transitional Neighborhoods," *Social Indicator Research*, Vol. 119, No. 3, 2014.

Song Ligang, Wu Jiang and Zhang Yongsheng. "Urbanization of Migrant Workers and Expansion of Domestic Demand," *Social Sciences in China*, Vol. 31, No. 3, 2010.

Stark, Oded & J. Edward Taylor. "Migration Incentives, Migration Types: The Role of Relative Deprivation," *Economic Journal*. No. 01, 1991.

Taylor, M. "Communities in Partnership: Developing a Strategic Voice," *Social Policy and Society*, Vol. 5, No. 2, 2006.

Taylor – Gooby, Peter. The Divisive Welfare State. *Social Policy and Administration*, Vol. 50, No. 6, 2016.

Tito Borri. Gordon Hanson, and Barry McCormick. (eds.) *Immigration Policy and the Welfare*.

Todaro, M. P. Internal Migration in Developing Countries: A Review of Theory, Evidence, Methodology and Research Priorities. Geneva: International Labor Office, 1976.

Vemuri A. W. , Grove J. M. , Wilson M. A. , et al. "A Tale of Two Scales: Evaluating the Relationship Among Life Satisfaction, Social Capital, Income, and the Natural Environment at Individual and Neighborhood Levels in Metropolitan Baltimore," *Environment & Behavior*, Vol. 43, No. 1, 2011.

Walker, R. " Poverty and Social Exclusion in Europe," in A. Walker and C. Walker (eds.), *Britain Divided*. London: Child Poverty Action Group, 1997.

World Bank. "Inclusion Matters : the Foundation for Shared Prosperity," *World Bank Publications*. 2013.

Wu Xiaogang and Jun Li. 2013. "Economic Growth, Income Inequality and Subjective Well - being: Evidence from China," *PSC Research Report* . 2017.

Yang Song. "Hukou - based Labor Market Discrimination and Ownership Structure in Urban China," *Urban Studies*, Vol. 53, No. 8, 2016.

Ying Liang & Peigang Wang. " Influence of Prudential Value on the Subjective Well - Being of Chinese Urban - Rural Residents," *Social Indicator Research* , Vol. 118, No. 3, 2014.

Ying Liang & D. Zhu. "Subjective Well - Being of Chinese Landless Peasants in Relatively Developed Regions: Measurement Using PANAS and SWLS," *Social Indicator Research*, Vol. 123, No. 3, 2015.

图书在版编目（CIP）数据

新型城镇化、乡－城人口迁移与社区转型 / 刘建娥著
. -- 北京：社会科学文献出版社，2018.9
ISBN 978 - 7 - 5201 - 3538 - 2

Ⅰ.①新… Ⅱ.①刘… Ⅲ.①人口迁移 - 研究 - 中国
Ⅳ.①C922.2

中国版本图书馆 CIP 数据核字（2018）第 220779 号

新型城镇化、乡－城人口迁移与社区转型

著　　者 / 刘建娥

出 版 人 / 谢寿光
项目统筹 / 杨桂凤
责任编辑 / 胡庆英

出　　版 / 社会科学文献出版社·社会学出版中心（010）59367159
　　　　　地址：北京市北三环中路甲 29 号院华龙大厦　邮编：100029
　　　　　网址：www. ssap. com. cn
发　　行 / 市场营销中心（010）59367081　59367018
印　　装 / 三河市尚艺印装有限公司

规　　格 / 开 本：787mm × 1092mm　1/16
　　　　　印 张：13.25　字 数：158 千字
版　　次 / 2018 年 9 月第 1 版　2018 年 9 月第 1 次印刷
书　　号 / ISBN 978 - 7 - 5201 - 3538 - 2
定　　价 / 69.00 元